VOCES DESDE LA CÁRCEL

VOCES DESDE LA CÁRCEL

Los Cinco Cubanos

PATHFINDER

Nueva York Londres Montreal Sydney

Editado por Mary-Alice Waters

ISBN 978-1-60488-057-1
Número de Control de la Biblioteca del Congreso
(Library of Congress Control Number) 2014930022

Impreso y hecho en Estados Unidos de América
Manufactured in the United States of America

Tercera impresión, 2022

DISEÑO DE LA PORTADA: Eva Braiman
IMAGEN DE LA PORTADA: *Un día mi camisa de preso se quedará ahí colgada*, pintura de Antonio Guerrero.

Pathfinder
www.pathfinderpress.com
E-mail: pathfinder@pathfinderpress.com

Tabla de materias

Prefacio

"Cuando se escriba la historia de la humanidad, tiene que haber una página para los cinco héroes cubanos. Son héroes internacionalistas, son héroes mundiales".

JOSÉ LUIS PALACIO
La Habana, febrero de 2013

LAS PALABRAS DE JOSÉ LUIS PALACIO le dan voz al veredicto de millones de personas en Cuba y por todo el mundo que luchan por la libertad de Gerardo Hernández, Ramón Labañino, Antonio Guerrero, Fernando González y René González, conocidos internacionalmente como los Cinco Cubanos.

Palacio, hoy día mecánico de refrigeración y climatización en Pinar del Río, fue uno de los jóvenes voluntarios cubanos que combatieron como parte del pelotón de exploración dirigido por el teniente Gerardo Hernández Nordelo en Cabinda, provincia norteña de Angola, hace un cuarto de siglo. El pelotón participaba en operaciones de limpieza tras la derrota en 1988 de las fuerzas militares del régimen supremacista blanco de Sudáfrica en la batalla de Cuito Cuanavale en el sur de Angola.

En 1991 Nelson Mandela dijo al pueblo de Cuba y del mundo que "la aplastante derrota del ejército racista en Cuito Cuanavale", lograda por las fuerzas combinadas de los voluntarios internacionalistas cubanos y las tropas angolanas y namibias, todas bajo mando cubano, no solo "destruyó el mito de la invencibilidad de los opresores blancos". Fue también "un punto álgido en la lucha por librar al continente y a nuestro país del azote del apartheid".

Tres de los Cinco Cubanos —René González y Fernando González, junto con Gerardo Hernández— estuvieron entre los más de 425 mil voluntarios cubanos que hicieron posible esa victoria.

Actualmente Gerardo Hernández está recluido en la penitenciaría de máxima seguridad en Victorville, California. Acusado falsamente de conspiración para cometer espionaje y conspiración para cometer asesinato, está cumpliendo dos sentencias simultáneas de cadena perpetua sin posibilidad de libertad condicional.

Hernández, Ramón Labañino, Antonio Guerrero y Fernando González ya han cumplido más de 15 años en las prisiones federales estadounidenses. René González, quien cumplió su sentencia completa —14 años y medio bajo custodia federal— regresó a Cuba en mayo de 2013. Desde entonces, sus incansables esfuerzos han infundido renovados bríos a la lucha mundial por la libertad de los Cinco.

El arresto de los Cinco Cubanos en 1998 bajo cargos amañados; su juicio en Miami, Florida, y el sumario veredicto de que eran culpables de todos los cargos, a pesar de las abrumadoras pruebas al contrario; las exorbitantes sentencias que les impusieron; los castigos vengativos y las condiciones inhumanas que han enfrentado, especialmente durante el primer año y medio de detención previa al juicio; el respeto que se han ganado entre otros presos por su conducta basada en principios; y la ayuda que han brindado a otras personas: todo esto toca una profunda fibra sensible entre millones de trabajadores y agricultores en Estados Unidos. Porque millones han tenido experiencias semejantes con el sistema de "justicia" capitalista, o las conocen a través de familiares, amigos y compañeros de trabajo.

Estados Unidos, hoy con más de 2.2 millones de hombres y mujeres entre rejas, es el país con la mayor tasa de encarcelamiento en el mundo. Es más, según la propia Corte Suprema de Estados Unidos, el 97 por ciento de los reclusos en las prisiones federales nunca han ido a juicio. Ante la amenaza de cadena perpetua o algo peor si insisten en su inocencia y en su derecho a un juicio según lo garantiza la Constitución norteamericana, se han visto chantajeados para que se declaren culpables —a cambio de una sentencia menor— de crímenes que nunca cometieron. El hecho de que cada uno de los Cinco se negó siquiera a contemplar ese camino les ha ganado un inmenso respeto entre otros presos.

La batalla que los Cinco Cubanos han librado por su libertad durante los últimos 15 años —y sobre todo *quiénes son ellos*— son hechos que cobran vida en los relatos a continuación.

Este tomo complementa la elocuencia gráfica de las 15 acuarelas por 15 años de Antonio Guerrero, *Yo me muero como viví*. Amplía en los temas de otros dos libros, *Los Cinco Cubanos: Quiénes son, por qué les fabricaron un caso, por qué deben ser liberados*, así como *Cuba y Angola: Luchando por la libertad de África y la nuestra*.

■

Los artículos, entrevistas, poemas, pinturas, fotos y discursos en las páginas de *Voces desde la cárcel: Los Cinco Cubanos* tienen una cosa en común. A través de ellos llegamos a conocer la entereza, la firmeza, la talla y la humanidad de cada uno de los Cinco. Nos ofrecen una visión reveladora de su vida durante los últimos 15 años como luchadores revolucionarios en el seno de una parte considerable de la clase trabajadora en Estados Unidos: aquellos que están presos.

Ponen de relieve quiénes son los Cinco.

Algunas de las palabras reproducidas aquí son homenajes brindados por otros presos cuya vida quedó transformada por su amistad con uno u otro de los Cinco durante su tiempo compartido en la cárcel.

Algunos de estos escritos son artículos, poemas y mensajes escritos por uno u otro de los Cinco Cubanos. Algunos son entrevistas con ellos, que ayudan a divulgar la verdad sobre sus experiencias carcelarias por todo el mundo.

Una entrevista a Elizabeth Palmeiro, quien está casada con Ramón Labañino, nos adentra en la vida de las familias de los Cinco y las maneras en que los funcionarios penales usan rutinariamente los privilegios de visitas como arma para tratar de doblegar tanto a los presos como a sus seres queridos. Y, lo que es más importante, no solo cómo las autoridades no han logrado su objetivo, sino cómo los Cinco y sus familias se han hecho valer.

■

Tres *Voces* merecen mención especial. Son de otras personas, o acerca de otras personas, que también han vivido muchos años de prisión por sus acciones en defensa de la soberanía e independencia de su propio pueblo.

Nelson Mandela, dirigente de la lucha revolucionaria que al cabo de varias décadas derrumbó al régimen supremacista blanco de Sudáfrica y primer presidente popularmente electo del país, estuvo encerrado más de 27 años —entre 1962 y 1990— en las prisiones del apartheid, muchos de ellos bajo condiciones de trabajos forzados.

El ejemplo de resistencia y fuerza ofrecido por Mandela ha sido un faro para Gerardo Hernández. Él logró guardar una foto de Mandela durante sus muchos meses de aislamiento antes del juicio en las celdas de castigo del Centro Federal de Detención en Miami. El homenaje a Nelson Mandela reproducido aquí lo escribió al enterarse de la muerte del dirigente sudafricano el 5 de diciembre de 2013, y lo dictó por teléfono a unos amigos durante una breve oportunidad entre dos prolongados *lockdowns* (encierros) en la penitenciaría de Victorville.

"Los Cinco seguiremos enfrentando cada día la injusta prisión —hasta el final— inspirados en su ejemplo de lealtad y resistencia". No se le podría rendir a Mandela un tributo más sentido, un tributo más merecido.

■

Otras dos *Voces* son las de luchadores por la independencia de Puerto Rico que, al igual que los Cinco, han conocido décadas de reclusión en los presidios del amo colonial de Puerto Rico. Carlos Alberto Torres, excarcelado después de pasar 30 años en prisiones norteamericanas, le rinde homenaje a Fernando González, a quien llegó a conocer y respetar profundamente durante los cinco años que compartieron en la prisión federal de Oxford, Wisconsin.

Y Rafael Cancel Miranda, quien igualmente estuvo recluido 27 años y medio en las prisiones de Washington por sus acciones independentistas, cierra estas páginas con la más profunda verdad revolucionaria para las masas trabajadoras de la humanidad a nivel mundial:

¿Por qué luchamos por los Cinco? Porque estamos luchando por nosotros. No les estamos haciendo un favor a ellos. Nos estamos haciendo un favor a nosotros mismos. Estamos luchando por nosotros, por nuestra libertad.

Mary-Alice Waters
enero de 2014

Quiénes son los Cinco Cubanos

GERARDO HERNÁNDEZ, Ramón Labañino, Antonio Guerrero, Fernando González y René González son conocidos mundialmente por millones de personas como los Cinco Cubanos. En 1998, cuando vivían y trabajaban en el sur de Florida, fueron arrestados por la policía federal norteamericana en redadas coordinadas en horas de la madrugada.

¿Cuáles eran sus supuestas actividades criminales?

Estaban recogiendo información sobre los planes y las acciones de organizaciones contrarrevolucionarias cubanoamericanas, incluidos grupos paramilitares asesinos que actúan impunemente en territorio de Estados Unidos. Estos grupos y los individuos que pertenecen a ellos tienen un historial de más de medio siglo de atentados dinamiteros, asesinatos y otros ataques contra cubanos y otros partidarios de la Revolución Cubana: en Estados Unidos, Puerto Rico, Venezuela, Panamá y otros países, así como en Cuba.

Desde 1959, casi 3 500 hombres, mujeres y niños en Cuba han muerto en estos ataques, la mayoría de los cuales se originaron en Estados Unidos. La tarea de los Cinco era de mantener informado al gobierno cubano sobre las mortíferas operaciones que se fraguaban a fin de impedir que se materializara el mayor número posible de ellas.

Los Cinco fueron llevados a juicio y declarados culpables en un tribunal federal en Miami bajo cargos amañados, entre estos: conspiración para cometer espionaje y, en el caso de Gerardo Hernández, conspiración para cometer asesinato. Esta última acusación, agregada meses después de su arresto, se basaba en el alegato de que Hernández había tenido conocimiento previo de que el gobierno cubano, en febrero de 1996, iba a derribar sobre aguas cubanas dos avionetas cuyos patrocinadores basados en Miami habían desoído las repetidas advertencias de La Habana de cesar sus repetidas provocaciones dentro del espacio aéreo cubano.

Cada uno de los Cinco reconoció orgullosamente ante la corte y ante el mundo que estaba trabajando para el gobierno cubano a fin de prevenir futuras acciones asesinas, y que gustosamente lo haría de nuevo si se lo pidieran. Sobre sus cabezas erguidas, la jueza impuso sentencias máximas: entre 15 años de prisión para René González y cadena perpetua sin posibilidad de libertad condicional para Guerrero y Labañino, así como una doble cadena perpetua para Hernández, quien dirigió el trabajo.

En 2005 un panel de tres jueces de una corte federal de apelaciones, al reconocer el ambiente de flagrantes prejuicios en torno al juicio, unánimemente anuló las condenas. Después de que el gobierno apelara la decisión, el pleno del tribunal restituyó las condenas un año más tarde.

En 2008 una corte federal dictaminó que las sentencias contra tres de los cinco —Guerrero, Labañino y Fernando González— excedían las pautas federales. La sentencia contra Labañino fue reducida de cadena perpetua sin libertad condicional, a 30 años. La de Guerrero fue rebajada de cadena perpetua sin libertad condicional, a 21 años y 10 meses. La sentencia contra Fernando González fue acortada solo un poco: de 19 años, a 17 años y nueve meses. La corte hasta se negó a contemplar una reducción de la sentencia contra Hernández, argumentando que él no está cumpliendo una sola cadena perpetua sino dos, ¡y que por consiguiente una reducción no afectaría nada!

En mayo de 2013 René González, tras cumplir hasta el último día de su sentencia —más de 14 años y medio bajo la custodia de las autoridades norteamericanas— fue el primero de los Cinco en regresar a Cuba. Fernando González, habiendo cumplido también su sentencia completa, tiene una fecha de excarcelación del 27 de febrero de 2014. Si cumplieran las sentencias en su totalidad, Guerrero no sería excarcelado hasta septiembre de 2017 y Labañino hasta octubre de 2024.

Para Hernández no hay fecha de excarcelación. Y como un castigo adicional de extrema crueldad, Washington le ha denegado el visado a su esposa, Adriana Pérez, para entrar a Estados Unidos y visitarlo.

Sin embargo, la reducción de las sentencias en 2009 mostró las presiones que el gobierno estadounidense está sintiendo a raíz de las crecientes denuncias internacionales del juicio y de las sentencias bochornosas impuestas a los Cinco Cubanos. En la audiencia judicial donde se le redujo la sentencia a Guerrero, los fiscales federales reconocieron que buscaban "calmar las aguas de conflictividad" y el "ruido" que se arremolinaba en torno al caso a nivel mundial.

No obstante, desde entonces ha salido a relucir evidencia de que varios periodistas, mientras escribían sobre el juicio en la prensa de Miami, simultáneamente estaban recibiendo pagos de la Oficina de Transmisiones a Cuba (Office of Cuban Broadcasting), una agencia del gobierno norteamericano. Esta prueba adicional de la corrupción del proceso judicial forma parte de la apelación de *habeas corpus* que se ha entablado a nombre de Hernández, Labañino y Guerrero.

¿Por qué los Cinco han pasado siquiera un solo día en la cárcel?

Porque son hijos ejemplares de la Revolución Cubana, de los hombres y las mujeres que crearon y siguen defendiendo "el primer territorio libre de América". Los tienen de rehenes, no solo como castigo por la audacia del pueblo trabajador cubano que osó defender la soberanía de Angola, ayudar a liberar a Namibia y luchar y morir para liberar África del azote del apartheid. Los están castigando por la voluntad de los trabajadores y agricultores de Cuba de hacer y defender una revolución socialista en lo que antes había sido prácticamente un protectorado colonial de Estados Unidos. Están presos porque representan a los hombres y mujeres de Cuba que hasta el día de hoy se niegan a someterse a los dictados de Washington.

Fue por estos hechos que los Cinco fueron arrestados, sometidos a un caso fabricado y encarcelados a lo largo de tres administraciones estadounidenses: las de William Clinton, George W. Bush y Barack Obama.

La indoblegable entereza, dignidad, valentía y veracidad —y el sentido de humor— de cada uno de los Cinco, así como el creciente conocimiento sobre el carácter consecuente de su conducta revolucionaria, desde Cuba hasta Angola y en las prisiones de Estados Unidos, están ganándoles cada vez más apoyo.

No obstante, mientras uno solo de ellos siga entre rejas, ninguno de nosotros estará "libre".

M-A W

La amistad con René cambió mi vida

RODOLFO RODRÍGUEZ

Rodolfo "Roddy" Rodríguez estuvo recluido junto a René González en la Institución Correccional Federal de Marianna, Florida. Fue entrevistado el 13 de junio de 2012 por Edmundo García en su popular programa radial *La tarde se mueve*, transmitido por Radio Progreso en Miami.

■

EDMUNDO GARCÍA: El programa de hoy es un programa esperado desde comienzos de la semana. La persona que me acompaña hoy se llama Rodolfo Rodríguez. Tiene 55 años y todo el mundo lo conoce como Roddy.

Roddy, tú llegas a Estados Unidos por Mariel.

RODOLFO RODRIGUEZ: Así mismo. Ahí comenzó mi odisea por Estados Unidos en 1980.*

* Rodríguez fue uno de los 128 mil cubanos que llegaron a Estados Unidos en abril de 1980 por lo que popularmente se conoció como el puente marítimo de Mariel. En esos momentos el gobierno norteamericano estaba incrementando sus acciones agresivas en todo el Caribe y Centroamérica en respuesta a las victorias revolucionarias en Nicaragua y Granada y las batallas de clases que se agudizaban en El Salvador, Guatemala y otros países de la región. Como parte de su campaña de propaganda política, la adminis-

GARCÍA: Roddy estuvo junto al luchador antiterrorista cubano y Héroe de la República de Cuba, René González. Por varios años, desde 2004 hasta que pusieron en libertad a René en septiembre de 2011, Roddy lo conoció y eso marcó su vida.

¿Cómo conociste tú a René?

RODRÍGUEZ: Yo llegué a la prisión de Marianna en el 2002. En el 2004 hubo un huracán que destruyó la prisión y nos sacaron con la Guardia Nacional. Dos meses después yo viré para atrás con el primer contingente que regresó a la prisión. Al día siguiente llegó un contingente de otra prisión, donde venía René González.

Me lo presentó otro cubano de esta manera, "Oye paisano: aquí te presento al espía". A todos ellos les decían los espías, normal, y ellos lo aceptan. Ellos no tienen causa de espionaje, aunque sí se la inculparon.

Ahí fue que empezó mi trato con René, y hasta el día de hoy te puedo decir que ha sido una de las amistades que más han contribuido a edificar mi vida.

Yo me crié en un hogar con mucho dolor en contra del gobierno de nuestro país. Hoy le doy gracias a Dios que pienso totalmente distinto.

Yo creo en Dios, y a mí me tenían por el que llevaba la iglesia en la prisión. Esto debo decirlo para que se comprenda lo que voy a decir a continuación.

---

tración del presidente norteamericano James Carter alegaba que el gobierno cubano impedía la salida de los cubanos que deseaban abandonar la isla. El gobierno revolucionario expuso la hipocresía de Washington al abrir el puerto de Mariel para que embarcaciones privadas de Estados Unidos recogieran a todo el que quisiera emigrar. Así lo hicieron más de 100 mil personas, hasta que el gobierno estadounidense, en un giro de 180 grados, exigió que el gobierno cubano detuviera el éxodo.

Cuando conozco a René, rápido le digo que creo en Dios. Yo lo que esperaba es que él fuera a contrarrestar lo que yo le había dicho, a entrar en una contienda.

¿Qué pasó? Él me dijo, "Qué bueno. Yo no. Pero yo creo que un cristiano verdadero va a querer el bien de la humanidad, y si mi amistad contigo va a contribuir a que tú seas un mejor cristiano, me siento satisfecho". Eso me impactó tremendamente.

Ahí comenzó la amistad de nosotros. Vivíamos a dos celdas de diferencia. No compartíamos celda: los dos teníamos demasiados libros y otras cosas que no nos cabían en una celda. Desde que abrían la celda nos encontrábamos, excepto cuando René se iba a correr. No era fácil seguirlo, porque corría mucho.

La relación mía con René fue cambiando mi manera de pensar. Empecé a mirar las cosas, y llegó el momento en que me convencí.

En la prisión conocí a personas de muchas nacionalidades —por respeto, no quiero mencionarlas— y me di cuenta, con el dolor de mi alma, que algunos no podían ni leer ni escribir. Entonces pienso en el pueblo cubano —aun los que están aquí— y me digo: "¡Wow, no hay uno que no sepa escribir! Vengo de un país donde hemos sido bendecidos".

Entonces he visto todo el lado positivo de Cuba que yo no veía antes. Y todo eso empecé a aprenderlo con René.

René es un hombre de principios. Había una frase suya: "Los principios no tienen precio, porque el que los tiene no los vende, y el que se vende no tiene principios". Los Cinco son hombres de principios, y creo que eso ayuda mucho a que crezca su popularidad y que la gente los respete en las prisiones donde ellos han estado.

A mí no se me olvida nunca cuando él me trajo un libro de historias bíblicas de la biblioteca. Me pregunta, "¿Quieres que leamos juntos ese libro?" El libro estaba en inglés —yo puedo leer inglés, pero él lo lee muy bien— y empezó a traducirlo al español. Nos leímos el libro completo: la historia de Abraham, todo.

Esas acciones me hicieron notar que no había fanatismo, que había una certeza en sus principios. Hay una congruencia en lo que vive. Tú le puedes hablar de lo que crees y no vas a hacer que se sienta mal. Él te respeta las ideas. Yo siempre le oía decir, "Tú tienes el derecho de expresarte, de la misma forma que yo tengo el derecho a pensar como pienso".

GARCÍA: ¿Y otros reclusos sentían también el mismo respeto por él?

RODRÍGUEZ: Creo que allí todo el mundo lo respetaba. No se me olvida un morenito que fue su compañero de cuarto. Era rapero, y escribió un rap con temas políticos sobre Estados Unidos. Cantó la canción en la yarda donde se hacen eventos para ocasiones especiales como el 4 de julio y Nochebuena. No te puedo decir cuáles eran sus ideales políticos, pero quizás lo inspiró el haber tenido una relación con René, de comprender la causa de los Cinco. Mucha gente no comprendía qué pasaba con la causa de los Cinco, y cuando empezaban a averiguar se sorprendían. Incluso mandamos hacer un pulóver con el signo de los Cinco y la estrella cubana.

GARCÍA: ¿Qué hacían durante un día típico allí en esos años?

RODRÍGUEZ: René corría mucho, como decía antes. Y cuando no estaba corriendo estaba leyendo. La solidaridad de todo el mundo se podía ver a través del correo que recibía. Ese era un evento que todo el mundo esperaba: eran cartas y cartas, y todas para una sola dirección, la de René. Le llegaban de Australia, de Rusia, de China, de todos los lados. Algunos

CORTESÍA DE RODOLFO RODRÍGUEZ

"René decía: 'Los principios no tienen precio, porque el que los tiene no los vende, y el que se vende no tiene principios'", dijo Rodolfo Rodríguez. Sus principios "ayudan mucho a que los Cinco sean respetados en la cárcel".

Rodolfo Rodríguez (derecha) —con camiseta que él pintó con el símbolo de la campaña por la libertad de los Cinco Cubanos— junto a René González (izquierda) y otro reo en prisión de Marianna, Florida.

presos le decían, "Oye, guárdame las estampillas". Yo mismo guardé muchas.

Le escribían de Cuba: personas de iglesias, inclusive personas que estaban presas en Cuba. En una prisión en la provincia de Granma, algunos presos hicieron un movimiento apoyando la causa de los Cinco. Incluso había dos oficiales de la prisión, una capitana y un teniente.

GARCÍA: ¿Hubo algún sector de los cubanos en Marianna que fue hostil con René?

RODRÍGUEZ: No hostil con René, sino hostil con ellos mismos, porque sacaban temas delante de él, sabiendo que podían golpear o chocar. Por ejemplo, hubo uno, no recuerdo quién, que un día dice, "Mi mamá fue a La Habana a operarse de cataratas y tuvo que llevar la toalla y la sábana".

Bueno, yo siempre salía adelante, como Pedro en la Biblia, que sale con la espada en la mano. Le dije, "¿Verdad? ¿Y cuánto le cobraron por la operación?"

Él dijo, "No, bastaba que le hubieran cobrado, si tuvo que llevar su sábana".

"Tiene toda la razón", le dije. "A mi papá lo llevamos a operar de cataratas ahí en el Instituto Beraja de Miami, y no tuvo que llevar ni sábana ni toalla. Pero le cobraron 1 200 dólares por cada ojo. No sé cuántas cajas de sábanas tú comprarías con 2 400 dólares. ¿Qué te convendría mejor, llevar una sábana y una toalla o llevar 2 400 dólares?"

Ahí sí me dijeron horrores.

GARCÍA: Cuando se daban esas discusiones, ¿René qué hacía?

RODRÍGUEZ: Se reía. Pero después entraba con una frase que me gustaba mucho. Después yo la he usado mucho. Él me decía, "Mira, es que tú estás basando tus conversaciones en cosas que tú oyes, pero no en cosas que tú ves. Mira la realidad, mira todo el proceso y luego el final.

"Piensa una cosa: ¿Qué es Cuba comparada con otros países? Todo el mundo quiere comparar a Cuba mirando para el norte", decía él.

Y es verdad, no se puede comparar a Cuba mirando para el norte. Yo estuve en una oficina de inmigración y vi canadienses, australianos, chinos: todo el mundo quería venir para Estados Unidos, porque aquí está todo el dinero que se llevan del mundo entero. Yo nunca he visto un balsero que se vaya para el sur, para Guatemala. Todos los balseros quieren venir para acá. El fin no es salir de Cuba, es entrar aquí.

GARCÍA: Háblanos de lo que tú y René hacían en las horas de ocio.

RODRÍGUEZ: No había ocio. A René le dolía cuando una persona decía, "Estoy matando el tiempo". Él nunca estaba matando el tiempo. Él se sentaba en la silla, ponía los dos pies arriba de la cama —no entiendo cómo podía leer así— y devoraba los libros. Yo creía que yo era lector. Pero cuando veía la forma en que él leía… y libros que para otros se hacen pesados.

GARCÍA: ¿Llegaste a conocer a la familia de René?

RODRÍGUEZ: Sí, fue una bendición conocer a sus familiares. Conocí a Irma, la mamá de René. Los principios de esa mujer son increíbles. Infunde aliento a las personas que la conocen.

A todos los familiares pude conocer, menos a Olguita [esposa de René], aunque nos escribíamos mucho por e-mail cuando estaba preso. Ahora todavía tenemos cierta comunicación, aunque estoy controlado.

GARCÍA: Déjame explicarlo a nuestros oyentes: Roddy y René, por ser ex reclusos, no pueden comunicarse entre sí, por las condiciones que tiene la libertad supervisada para ambos. Cuando visitaban, ¿veías el amor de la familia por René?

RODRÍGUEZ: Sí, era tremendo, verlo con sus hijas: con Irmita y con Ivette. Pero tocaste un tema que fue fundamental en lo que yo llamo mi metamorfosis mental. No fue solamente la familia. Fue ver cómo mi país entero apoyaba la causa de René, la causa de los Cinco. Eso me impactó profundamente.

GARCÍA: ¿Cómo era el trato de la guarnición con René?

RODRÍGUEZ: Yo creo que todo el mundo lo respetaba mucho. Con la excepción de un oficial "pesa'o", como decimos nosotros, pero él era así con todo el mundo.

Te voy a hacer una anécdota. Te la puedo hacer porque ese individuo ya no está ahí. Había un teniente de la guarnición, un moreno, que en el comedor llegó a la mesa de nosotros. Delante de todo el mundo le dio la mano a René y le dijo, "Nosotros estamos apoyando tu causa". Creo que en su vida privada era musulmán. Pero vestido de oficial, delante de todo el mundo, vino y le dio la mano a René.

GARCÍA: ¿Qué te decía René que quería hacer cuando regresara a Cuba?

RODRÍGUEZ: Chico, algo en que quedamos es que nosotros vamos a subir al Pico Turquino [el más alto de Cuba]. Junto con Olguita y Sandra, mi esposa. Sandra no conoce Cuba: ella salió con cinco años y no ha vuelto. Pero ya estamos en trámites y ella tiene su pasaporte cubano.

GARCÍA: Tú tampoco has vuelto a Cuba, Roddy.

RODRÍGUEZ: Desgraciadamente no. Pero eventualmente sí, y cuando llegue no me voy más, me quedo a vivir allá.

GARCÍA: ¿Viste a René en ocasiones triste o deprimido?

RODRÍGUEZ: No, para nada. Si acaso enojado, a veces, pero no es de enojarse mucho. Él decía que no le iba a dar el privilegio a esta gente de verlo destruido o ñoñiqueando.

Por sus cartas, me imagino que los Cinco tienen ese mismo principio. Hay una hermandad total entre ellos. Existe un dicho que "la mejor forma de decir es hacer". Y los Cinco de verdad viven lo que predican.

GARCÍA: Los no cubanos en la prisión, ¿se interesaban en el tema de René?

RODRÍGUEZ: Ciertas personas. Había muchos que se sentaban con él y él les hablaba.

Mucha gente lo buscaba a René para que les ayudara. Él siempre estaba servicial para traducir un escrito al inglés, para llenar documentos legales, para ir a la biblioteca.

GARCÍA: Hay un momento, antes de que René salga a cumplir la libertad supervisada, en que a ti te trasladan hacia otra prisión.

RODRÍGUEZ: Correcto. Esa despedida fue una experiencia. Tengo una cantidad de hermanos en la iglesia —ahora yo soy maestro evangelista, y ya voy a sacar la ordenación de pastor— que los amo y los quiero mucho. Pero para mí una de las experiencias más grandes de mi vida fue haber conocido a René. Yo lo he comentado con mi familia, con mi esposa, con mis padres, que por cierto, ya no piensan como pensaban antes, porque se fueron dando cuenta de la realidad, porque la verdad es muy grande para ocultarla.

GARCÍA: René está escuchando este programa. ¿Algún mensaje tuyo que quisieras que él escuchase?

RODRÍGUEZ: Lo único que yo quisiera que él escuchase es que sigo siendo el mismo. Lo tengo bien presente en mis oraciones. Y le doy muchas gracias por haber sido mi amigo.

En la cárcel conocí el espíritu de resistencia de Fernando

CARLOS ALBERTO TORRES

El siguiente homenaje a Fernando González lo ofreció Carlos Alberto Torres, veterano independentista puertorriqueño que compartió cinco años con González en la prisión federal de Oxford, Wisconsin. Torres fue excarcelado bajo libertad condicional en julio de 2010 tras cumplir 30 años de una sentencia de 78 años en prisiones norteamericanas por "conspiración sediciosa" y otros cargos amañados. Fue uno de los presos políticos más antiguos del mundo.

Torres se dirigía a un evento celebrado el 29 de octubre de 2010 en San Juan, Puerto Rico, y organizado por el Comité de Solidaridad con Cuba de Puerto Rico para reclamar la libertad de los presos independentistas puertorriqueños y los Cinco Cubanos.

■

BUENAS NOCHES, queridos compañeros y compañeras:

En 2002 en la cárcel de Oxford, Wisconsin, mientras yo pintaba un cuadro en óleo titulado *Resurrección*, otro confinado me informó que había llegado a la prisión uno de los cinco presos políticos cubanos. Se refería a Fernando González Llort, a quien los carceleros tildaban "Rubén Campa", seudónimo que usó Fernando antes de su arresto.

Luego de conocerlo y después de varios intercambios breves, me aclaró que su nombre no era Rubén, sino Fernando. Además me señaló sin molestia que los carceleros lo sabían pero no lo habían corregido, quizás por indiferencia burocrática de su parte.

Me pareció algo jocoso que este hombre cubano, de carácter reservado y cuidadoso, siempre respetuoso y correcto, mostraba poca preocupación con la discrepancia del nombre. Recordaba que después de mi arresto en 1980 y por haber usado un seudónimo los años que estuve clandestino, al ser capturado fue algo de alivio poder usar mi propio nombre otra vez.

Sin embargo, la aparente indiferencia de Fernando en cuanto a qué nombre usar fue un detalle que revelaba un aspecto importante en su formación. O sea, a él no le importaban las definiciones que imponían los carceleros en nada que tenía que ver con su persona. Sino que él mantenía una muralla entre ellos y él. Y aún en esas circunstancias, lo único que importaba era cómo él mismo se definía. En ese aspecto, él y yo coincidíamos exactamente.

Con el tiempo nos fuimos conociendo más, y comprendiéndonos mejor. Conocía por encimita los detalles del arresto de los Cinco Cubanos. Aunque no conocía en detalle las acusaciones y las sentencias que les dieron en el tribunal federal a Fernando, Ramón, René, Antonio y Gerardo, era fácil imaginar la duplicidad e injusticia que los encarcelamientos representaban. Tampoco sabía, aunque me lo podía imaginar, el maltrato y aislamiento que los cinco patriotas cubanos habían sufrido desde su captura.

Y aun así, frente a mí estaba un hombre honesto, comprometido y con una conciencia política bien formada. Un ser que, aun con su sufrimiento, no mostraba amargura con su condición y vivía orgulloso de que hacía su deber por su nación y patria, Cuba. No tengo dudas de que todos los cinco héroes cubanos, defensores de la seguridad de su patria y su pueblo, son hombres de suprema verticalidad y compromiso inquebrantable. Los Cinco han sufrido el castigo y rencor del gobierno estadounidense contra la Revolución Cubana. Es una manera de maltratar a presos que, hasta conocer a Fernando, yo pensé que solo lo reservaban para los presos políticos puertorriqueños.

Con el tiempo pudimos compartir mucho. Rara fue la vez que Fernando no quiso acompañarme a caminar en el patio de la cárcel. Las caminatas se convertían en tiempo para conversar de todo: de remembranzas personales, o debates calurosos y quemalatas que a veces terminaban en chistes o recuerdos de nuestras novias de juventud.

Durante los años que estuvimos presos los dos en Wisconsin, pienso que logramos conocernos como dos individuos que luchaban por su patria y que también sacrificábamos por ella también. Me parece que logramos entender que nuestras luchas por la independencia de nuestras patrias eran luchas hermanas. Aunque nosotros los puertorriqueños luchamos aún para ganarnos la independencia, Cuba lucha para proteger y preservar la suya. El dicho de que Cuba y Puerto Rico son pétalos de la misma flor, de que Cuba y Puerto Rico son islas hermanas con una historia larga de luchas compartidas, allí en la cárcel de Oxford, Wisconsin se repetía en carne y hueso.

Durante ese tiempo, no solo llegué a conocer con más detalles el proceso injusto que mantenía a cinco héroes cubanos encarcelados, sino también conocí mejor el carácter y espíritu de resistencia a la injusticia de Gerardo, Ramón, Antonio, René y Fernando. También pude apreciar el carácter de lucha y amor que caracterizaba a los familiares de los cinco.

Debo señalar algo de lo que significa el apoyo de familia-

RED NACIONAL BORICUA DE DERECHOS HUMANOS

Las autoridades de la prisión lo llaman Rubén Campa, seudónimo que Fernando González (**arriba**) usó antes de su arresto. **Abajo:** Carlos Alberto Torres (con camisa negra) llega a San Juan, Puerto Rico, julio de 2010, tras pasar 30 años en prisiones estadounidenses por sus actividades a favor de la independencia de Puerto Rico.

"Me pareció algo jocoso que este hombre cubano, de carácter reservado y cuidadoso, siempre respetuoso y correcto, mostraba poca preocupación con la discrepancia del nombre", dice Carlos Alberto Torres, quien compartió cinco años con Fernando González en la prisión de Oxford, Wisconsin. "No le importaban las definiciones que le imponían los carceleros. Lo único que importaba era cómo él mismo se definía".

res, amigos y compañeros cuando uno está preso. Es imprescindible ese apoyo, porque nos sostiene y da fuerza cuando sentimos el peso del encarcelamiento. El amor y compromiso de nuestros seres queridos nos devuelve la proporción cuando las condiciones en la cárcel nos estorban tanto que nos distraemos. No hay palabras que describan la totalidad de lo importante que son las visitas y contacto con nuestros seres queridos.

Los carceleros saben eso también. De modo que, para los carceleros, las visitas y el contacto con nuestras familias pueden ser un arma para ellos usar en contra de nosotros. Con los presos políticos puertorriqueños y luego también con los cinco presos políticos cubanos, la táctica de los carceleros para atacarnos era el de interferir o negarnos contacto o visitas con nuestros seres queridos. Los hostigan o les prohíben visitas. No nos debe entonces sorprender que en el caso de Oscar y Avelino,* tanto como en el de Gerardo, Ramón, René, Antonio y Fernando, la táctica de interferir con el contacto familiar se convierta en el palo con que intentan abatirlos.

Aun con las muchas restricciones y limitaciones, tuve el honor y placer de conocer a la mamá y a la esposa de Fernando. Son seres dulces, trabajadoras incansables y comprometidas. No solo con hacer todo lo posible para que Fernando y sus compañeros regresen a la casa, sino que son mujeres luchadoras que defienden con un alto sentido de responsabilidad y compromiso a su pueblo. Aunque no los he conocido en persona, sé que los familiares de los otros presos políticos cubanos también luchan y los apoyan, no importa las limita-

* Oscar López ha estado recluido más de 32 años en prisiones estadounidenses por sus actividades a favor de independizar a Puerto Rico del dominio colonial norteamericano. El también independentista Avelino González Claudio, arrestado en 2010, fue excarcelado en 2013.

ciones que los carceleros les impongan. Ese mismo sentido de amor familiar también lo han disfrutado nuestros patriotas Oscar y Avelino.

Hoy, Cuba y Puerto Rico siguen sufriendo sus patriotas encarcelados en cárceles federales en Estados Unidos. Tenemos en común una némesis, un mismo carcelero. El mismo zombi —para usar una frase haitiana— que quiso enterrar vivos tras las tumbas carceleras a Oscar y Avelino es el mismo que lo intenta contra Fernando, Gerardo, Ramón, Antonio y René.

En esta batalla para ganar la libertad de nuestros patriotas —que será como un renacimiento, una resurrección para ellos cuando regresen a casa— ambos pueblos podremos apoyarnos mutuamente y luchar en solidaridad hasta que nos regresen a casa a Oscar y Avelino, y a su casa Fernando, René, Gerardo, Ramón y Antonio.

JACOB PERASSO/MILITANTE

"Cuando uno está preso, es imprescindible el apoyo de familiares, amigos y compañeros. Nos sostiene y da fuerza", dice Carlos Alberto Torres. "En la cárcel conocí mejor no solo el espíritu de resistencia a la injusticia de los Cinco. Pude apreciar la voluntad de lucha y el amor que caracterizaban a sus familiares".

René González y familiares de los Cinco Cubanos hablan con 300 participantes en Coloquio Internacional por la Liberación de los Cinco Cubanos, noviembre de 2013, Holguín, Cuba. Sentadas desde la derecha: Ailí Labañino, hija de Ramón Labañino; Irma González, hija de René González; Yadira Pérez (al micrófono), sobrina de Gerardo Hernández; Laura Labañino, hija de Ramón; Mirta Rodríguez, madre de Antonio Guerrero; Irma Sehwerert, madre de René; Magali Llort, madre de Fernando González; René; Olga Salanueva, esposa de René; Isabel Hernández, hermana de Gerardo; y (moderadora) Kenia Serrano, presidenta del Instituto Cubano de Amistad con los Pueblos.

Cómo salimos del 'hueco'

RAMÓN LABAÑINO

Este relato de Labañino se inspiró en las 15 acuarelas de Antonio Guerrero, "Yo me muero como viví", que ilustran los meses que los Cinco Cubanos permanecieron recluidos en celdas de castigo en el Centro Federal de Detención en Miami tras su arresto el 12 de septiembre de 1998. Apareció en la revista digital *CubaDebate*, basada en La Habana, el 11 de septiembre de 2013.

■

PERMANECIMOS EN AQUEL PISO 12 del Centro Federal de Detención (FDC) de Miami unos 17 meses. Pero no fue tiempo inerte.

Desde los primeros días, comenzamos a investigar qué posibilidades nos brindaba el lugar para salir a recreación (una hora al día). Después conocimos que había una biblioteca legal a la cual se podía solicitar ir a través de un pedido escrito BP-8 (también conocido como *cop-out*). Tony fue quien descubrió la existencia de la biblioteca y el primero que hizo la gestión para ir. Después de algunas negativas —y de la siempre imprevista postura de los carceleros (que se hacían hasta los ciegos, los mudos o hasta llegaban a romper el cop-out delante de nuestros propios ojos)— Tony pudo visitarla y darnos después sus análisis acerca de los cargos que tenía cada cual, la posible sentencia, etcétera. Entonces comenzamos a ir todos a la biblioteca.

Fue así que conocimos que dentro de la prisión podemos buscar remedios internos a través de los famosos cop-outs, que van desde BP-8 (dirigido al jefe de una unidad, en este caso del hueco), BP-9 (solicitud al *warden* o alcaide la prisión), BP-10 (al buró regional de prisiones) y BP-11 (al buró nacional de prisiones). Una vez agotadas todas esas instancias, entonces se podía hacer una demanda legal contra la institución. Cada instancia tiene un tiempo límite de alrededor de 15 días a un mes para responder.

Aprovechando siempre la hora de recreación diaria, nos reunimos los cinco y acordamos comenzar a hacer los cop-outs dobles, con fechas, pedidos, etcétera, y la respuesta de cada nivel, en todos solicitando que nos bajaran a la población general, pues no había razón alguna para mantenernos en el hueco. Alegábamos que aquello era una violación de nuestros derechos legales, constitucionales y humanos.

Así iniciamos cada uno el larguísimo camino para tratar de salir del hueco.

En ocasiones los mismos guardias rompían nuestros cop-outs en frente de nosotros mismos, pero como todo lo hacíamos doble, poníamos en el cop-out de reserva la observación precisa: "El oficial Smith rompió este documento delante de nuestra cara, el día tal, a la hora tal, en el cuarto tal del piso 12", y lo firmábamos. La mayoría de las respuestas era que permanecíamos allí por "razones de seguridad", eso era todo.

Fuimos escalando en nivel hasta llegar al BP-10 y BP-11. Cada uno acumuló una gran cantidad de pedidos con todas sus respuestas y negaciones, destrucciones, etcétera.

Ya agotada la solicitud interna, entregamos todo aquello a los abogados, que entonces pusieron una demanda ante la jueza para que nos bajaran del hueco, acompañada con *subpoenas* (demandas de presentarse ante la corte de forma obligatoria) a cuanto guardia rompió nuestros documentos, a cada oficial que tuvo que ver con nosotros, a consejeros, jefes de unidad, al teniente del hueco, hasta el mismo warden.

Recuerdo que era un viernes antes del lunes en que comenzaría el proceso legal. Ese día, cuando nos encontrábamos los cinco en el área de recreación hablando, creo que por la mañana, vino un guardia y me pidió que fuera para conversar con el teniente del hueco.

Esposado llegué ante él. Me explicó que había conversado con el warden acerca de nuestra demanda y quería saber qué era lo que nosotros deseábamos. Aclaró que no tenía contemplado bajo ningún concepto bajarnos a la población "por razones de seguridad".

Le dije que queríamos que nos bajaran ya a los cinco a la población, que era todo lo que solicitábamos pues estar allí era en contra de nuestros derechos legales, constitucionales y humanos, y que seguiríamos hasta el final en nuestra demanda. Planteé que las razones de seguridad era solo una excusa. Argumenté además que el hueco está contemplado para cuando alguien comete alguna infracción estando en la población, y como máximo por ley deben ser 60 días, además de que estamos preparándonos para nuestro juicio, los cinco, todos unidos, y esa situación no nos permitía una correcta preparación legal.

El teniente me respondió que no aceptaría esa condición. Entonces le respondí que no teníamos nada más que hablar, que nos veríamos el lunes en la corte, y me levanté para marcharme.

Me llevaron de regreso con mis hermanos al área de recreación. Allí les expliqué la conversación. En menos de cinco minutos más, volvió el guardia para llevarme nuevamente

"Luego de varios meses en 'solitaria' (cada uno en su celda), finalmente nos permitieron tener a otro de nosotros como compañero de cuarto", escribió Gerardo Hernández. "Obviamente fue un gran alivio poder compartir la celda con otro. Pero luego de varios días —eran 23 horas en la celda y una en la 'jaula' de recreación— surgió la necesidad de buscar algo en que pasar el tiempo. Y se nos ocurrió que tal vez pudiéramos fabricar unos dados".

Cubilete, una de las 15 acuarelas pintadas por Antonio Guerrero que ilustran los 17 meses que los Cinco estuvieron en el "hueco" en el Centro Federal de Detención de Miami, después de su arresto en septiembre de 1998.

frente al oficial. Esta vez estaba más "suave" en el trato. Me dijo que lo habían discutido y que acordaban bajarnos a la población general ese mismo día, pero a pisos diferentes.

Le dije que no estaba de acuerdo, que debíamos ir todos al mismo piso pues estábamos preparándonos para un juicio complejo y grande y que no aceptaríamos otra cosa. Si no, iríamos a la corte el próximo lunes.

Realizó una llamada telefónica y me explicó que estaba bien, que todos iríamos para el piso 7 *West* (si no recuerdo mal). Quise llevar la cosa más allá. Le pedí que nos pusieran en cuartos de dos en dos y uno en un cuarto solo.

"Eso sí que no", dijo. "No me empujes más. Eso háblalo con el oficial a cargo de la unidad".

Estuve de acuerdo.

Me dijo que nos preparáramos, que en un rato nos bajarían para la población.

Regresé con mis compañeros y les detallé toda la conversación. Nos dio mucha alegría por fin salir de aquel rincón o hueco inmundo.

Así fue. Al cabo de 17 meses, finalmente pudimos bajar a la población general del FDC Miami.

Orgulloso de conocer a una persona como Ramón

SECUNDINO PÉREZ

Secundino Pérez llegó a conocer a Ramón Labañino estando presos los dos en el Centro Federal de Detención de Miami en 2009. El siguiente relato fue tomado de un artículo de John Studer publicado en la edición del *Militante* del 23 de diciembre de 2013.

■

HABER CONOCIDO al revolucionario cubano Ramón Labañino cuando estaba en una prisión federal en Miami impactó mucho a Secundino Pérez.

"Ramón es una persona con muchos principios y valores", dijo Pérez en una entrevista en un popular programa radial de Miami. "Es una persona que uno se siente orgulloso de conocer".

Entrevistado en enero de 2013 en el programa *La tarde se mueve* de Radio Progreso, Pérez le habló al locutor Edmundo García sobre su amistad con Labañino durante los seis meses que estuvieron en la misma unidad del Centro de Detención Federal, a fines de 2009 y principios de 2010. En esos momentos Labañino aguardaba una audiencia de resentencia en un tribunal federal. Posteriormente Pérez fue excarcelado bajo libertad condicional.

"Al principio me daba como pena acercarme a él", dijo Pérez, quien hasta ese entonces solo conocía la propaganda tergiversada sobre los Cinco Cubanos en la prensa local, que los tildaba falsamente de "espías cubanos". Pero cuando llegó a conocer a Labañino, "vi la persona que es él, y empezamos una relación de amistad muy buena, basada en el respeto a los principios mutuos".

En las conversaciones entre los reos, "él no te decía, 'Mira esto es así'. Él te daba para que tú entendieras y te fueras dando cuenta de la realidad de las cosas", dijo Pérez, un médico que llegó a Estados Unidos hace 14 años desde la provincia cubana de Pinar del Río.

En el mundo carcelario algunos individuos se ganan un "respeto de miedo", dijo Pérez. Labañino se ganó algo muy distinto, "un respeto de corazón".

"Siempre respetó el criterio de todas las demás personas", dijo Pérez. Y todos lo respetaban a él, "inclusive los guardias".

Si veía a otro reo que no se sentía bien, Labañino "era el primero que iba y le daba ánimo", dijo Pérez. "No le interesaba de la nacionalidad que fuera, lo mismo cubano que nicaragüense. Te preguntaba por los problemas, y si en sus manos estaba ayudarlo, él con mucho gusto lo hacía. Ese es Ramón".

Ramón siempre le aconsejaba "mantener tu mente ocupada en cosas productivas. Ya que estamos aquí, ocúpate en cosas productivas como el ajedrez, leer un buen libro, hacer una buena comida". A los presos se les permitía comprar comida —fruta, vegetales, carne— y hacerse una comida, usando el microonda, explicó Pérez. A Ramón le gustaba mucho el mofongo de plátano, típico plato caribeño.

Labañino leía mucho, prestaba libros a sus compañeros, se mantenía al tanto de las noticias y recibía muchos mensajes de apoyo y otra correspondencia, dijo Pérez.

Ramón estaba "al tanto de todo lo que pasa en Cuba, y tiene una visión grande", dijo Pérez. "Cualquier tema de Cuba, cualquier problema, nos sentábamos y hablábamos. Él no te trataba de convencer: hablábamos y llegábamos a ciertos criterios".

Añadió Pérez, "Nos manteníamos al tanto de las noticias". Escuchaban Radio Progreso y transmisiones radiales de Cuba, usando unos radios de pilas. "Había que estar inventando. Había que pegarse a la pared" para captar la señal.

Al ir conversando sobre el caso amañado del gobierno norteamericano contra los Cinco Cubanos, Labañino le dio "la documentación del juicio para que la leyera, para que no fuera lo que él dijera sino para que viera la realidad", dijo Pérez.

Muchos compañeros de cárcel en el Centro Federal de Detención se convencieron de que los Cinco "estaban presos injustamente", señaló. Al infiltrarse en grupos paramilitares cubanoamericanos en Florida, estaban "velando por los cubanos, para que no hubiera terrorismo en Cuba. A ellos en el proceso no se les demostró otra cosa", dijo Pérez.

Hizo hincapié en la actitud desinteresada de los Cinco, por ejemplo, estar separados de sus familias sin siquiera poder decirles lo que hacían sino hasta después de ser arrestados, y también las largas condenas de prisión que les impusieron. "El cubano se siente en deuda porque fue un gesto tan bonito, con tanto amor, que renunciaron a tantas cosas por cuidarnos a nosotros allá en la isla", dijo.

Ramón "es muy grande" —cariñosamente lo llamaban el "Oso"— y fue atleta en su juventud, observó Pérez. Pero los años de cárcel dejan su huella. "Ha tenido sus problemitas de salud allí, como en la rodilla, pero aún así practicaba mucho ejercicio". Labañino ahora sufre de artritis, que lo afecta al caminar.

Pérez dijo que vio a la esposa de Labañino, Elizabeth Palmeiro, una vez que vino a visitarlo en la cárcel en Miami. "La familia mía sí la ha conocido allá y han tenido una amistad que se ha mantenido. Elizabeth ha mantenido su lucha desde Cuba, y ha luchado para que sus hijas vean que su padre, aunque les falte físicamente, espiritualmente está ahí. Eso es muy importante y ella lo ha desempeñado muy bien y con mucho valor. El apoyo de la familia es importante para el que esté preso".

Labañino, junto con Antonio Guerrero y Fernando González, fue trasladado al Centro Federal de Detención en Miami en septiembre de 2009, después de que una corte federal de apelaciones ordenara audiencias de resentencia para los tres porque sus condenas excedían las pautas federales. Las autoridades norteamericanas esperaban así —según lo expresó la fiscal federal Caroline Heck Miller— calmar la "controversia" y el "ruido" generados por la campaña internacional a favor de la libertad de los Cinco Cubanos. En una audiencia realizada el 8 de diciembre de 2009, Labañino vio reducida a 30 años su sentencia de cadena perpetua por cargos fabricados de "conspiración para recoger y transmitir a un gobierno extranjero información relativa a la defensa nacional".

"Se sintió un poco mal ese día, que yo recuerdo, ya tarde en la noche", dijo Pérez. "Pero es una persona que se repone, que no se deja caer, y pasó el día siguiente y ya se veía más conforme. Me dijo, 'Aquí no termina la lucha, esta lucha hay que seguirla'".

Pérez dijo que ante todo le impresionó que lo que a Ramón le preocupaba no era "él como persona, sino que había que seguir luchando por Gerardo".

De los Cinco, Gerardo Hernández recibió la sentencia más severa: dos cadenas perpetuas simultáneas más 15 años.

En el mundo carcelario algunos individuos suscitan un "respeto de miedo", dice Secundino Pérez. Ramón Labañino se ganó algo muy distinto, "un respeto de corazón".

Labañino (de pie, izquierda) con otros presos en prisión federal McCreary en Kentucky, 2009. "Aprendí de Ramón que uno puede cometer errores en la vida, pero no puede vivir en la mentira", dijo Pérez. "Cuando ya tú vives en la verdad no tienes miedo. Ese es Ramón".

Aunque la cadena perpetua por cargos de conspiración para cometer espionaje fue reducida en los casos de Labañino y Guerrero, no fue cambiada en el caso de Hernández porque la corte consideró que era "irrelevante en cuanto al plazo que cumplirá".

La segunda cadena perpetua que le impusieron a Hernández fue por "conspiración para cometer asesinato", basada en el argumento falaz de que Hernández tenía cierta responsabilidad por el hecho de que en 1996 el gobierno cubano derribó dos avionetas hostiles que habían invadido el espacio aéreo cubano desoyendo las repetidas advertencias de La Habana. Las avionetas fueron piloteadas por el grupo contrarrevolucionario Hermanos al Rescate como parte de sus intensificadas provocaciones contra Cuba dirigidas a provocar un enfrentamiento entre La Habana y Washington.

Edmundo García le preguntó cómo Labañino había influido en él. Pérez contestó que aprendió que "uno puede cometer errores en la vida, pero no puede vivir en la mentira. Cuando ya tú vives en la verdad no tienes miedo. Ese es Ramón".

Cuando Labañino estaba a punto de ser trasladado a otra prisión, Pérez le dijo, "Yo voy a salir primero que tú, y aquí estoy para lo que tú me necesites".

García, el entrevistador, fue uno de los partidarios de los Cinco Cubanos que asistieron a las audiencias de 2009. "Mientras tú lo veías en la prisión, yo lo veía en la corte", dijo al cierre del programa. "Y hay cosas que personalmente nunca olvidaré".

Ramón, le dijo García a Pérez, entró "al tribunal con las manos en alto, encadenado, mirando hacia el lugar donde estábamos las personas que él sabe que están comprometidos y defendemos el derecho a la libertad de los Cinco por esas razones que tú explicabas. Levantar las manos con las cadenas, en símbolo de victoria: eso para mí fue muy emocionante".

García le agradeció a Pérez "por este testimonio sobre la humanidad de Ramón Labañino. Es la misma humanidad de todos los Cinco, dijo, "porque es precisamente esa la fibra de la que están hechos".

Ofrecieron 'lo que tú quieras', para que yo traicionara

GERARDO HERNÁNDEZ

El siguiente fragmento de una entrevista que Gerardo Hernández concedió al cineasta Saul Landau el 1 de abril de 2009 apareció en la revista digital *Progreso Semanal*, basada en Miami. Se publicó en el *Militante* del 15 de junio de 2009.

■

SAUL LANDAU: ¿Me puedes describir en detalle el día que fue arrestado por el FBI?

GERARDO HERNÁNDEZ: Bueno, fue un sábado [12 de septiembre de 1998]. Yo estaba durmiendo. Eran aproximadamente las 6 de la mañana. Yo vivía en un apartamento, era bastante pequeño, de un cuarto. Mi cama estaba bastante cerca de la puerta, precisamente por ser pequeño. Recuerdo haber escuchado que alguien estaba forzando la cerradura, dentro del sueño. Apenas me dio tiempo de reaccionar porque sentí un estruendo bien grande porque tumbaron la puerta. Era un *SWAT team* [equipo élite de la policía]. Prácticamente eso no me dio tiempo ni de sentarme en la cama.

Estaba rodeado por personas con ametralladoras y con sus cascos, y todo lo que se ha visto en las películas. Me arrestaron, me levantaron de la cama, me esposaron, me revisaron la boca. Parece que habían visto muchas películas de James

Bond y pensaron que yo iba a tener cianuro en la boca. Me revisaron la boca para ver si no me iba a envenenar. Les pregunté por qué me estaban arrestando, y me dijeron, "Tú sabes por qué".

Me montaron en un carro y me llevaron para el cuartel general del FBI en el sur de la Florida que está en la Avenida 163, allí en Miami. Allí comenzó el interrogatorio. Pero el arresto fue así como le digo.

LANDAU: ¿Y te pusieron en "la caja"?

HERNÁNDEZ: En el cuartel del FBI estuvimos un tiempo cada uno en oficinas separadas. Me sentaron en una oficina, me esposaron las manos a la pared. Allí me interrogaron.

Tuve el "honor" de que viniera a verme Héctor Pesquera. Él era el director del FBI del sur de la Florida, y era puertorriqueño. Y la identidad que yo tenía era de puertorriqueño también: Manuel Viramonte era supuestamente puertorriqueño. Le dije que era de Puerto Rico y él me empezó a hacer preguntas sobre Puerto Rico. Todo tipo de preguntas. ¿Quién era el gobernador en este año? ¿Dónde tú vivías? ¿Qué guagua tú cogías para ir a la escuela? ¿Por dónde cogías?

Y cuando él vio que yo se las respondía, se molestó bastante. Le dio un puño a la mesa y dijo, "Sé que eres cubano y que te vas a podrir en una prisión porque Cuba no va a hacer nada por ti".

Entonces, no él específicamente, pero ya los otros que tomaron parte en el interrogatorio empezaron a hacer todo tipo de ofertas. Me decían, "Tú sabes cómo es este negocio. Tú sabes que eres oficial ilegal, y lo que dice el libro es que Cuba no va a reconocer que ellos te mandaron para acá con un pasaporte falso. Cuba no va a poder hacer eso, así que te vas a podrir en una prisión. Lo mejor que tú haces es cooperar con nosotros, y te ofrecemos lo que tu quieras. Te cambiamos la identidad, cuentas en el banco".

Lo que uno quisiera, para que traicionara.

Me decían, "Aquí está el teléfono. Llama a tu cónsul". Todo tipo de estrategias para que uno traicionara. Eso les pasó a los cinco, a cada uno por separado. Posteriormente nos llevaron a la prisión, al Centro Federal de Detención en Miami, donde nos pusieron en lo llamado "el hueco".

LANDAU: ¿Por cuánto tiempo?

HERNÁNDEZ: Diecisiete meses. Los primeros cinco meses fueron bastante difíciles para los cinco, por supuesto. Los que teníamos identidad falsa no teníamos nadie a quien escribir, ni nadie que nos escribiera, ni nadie a quien llamar por teléfono. A cada cierto tiempo nos tocaba una llamada telefónica, y los guardias venían y abrían una ventanilla en la puerta y ponían el teléfono allí. "¿No vas a llamar? ¿A familia allá en Puerto Rico?"

"No", decía yo, "no voy a llamar a nadie".

"¿Pero por qué no llamas?" me decían para mortificar, porque ellos sabían que uno no era puertorriqueño y que no iba a usar el teléfono. Fueron meses bastante duros.

LANDAU: ¿Describe el "hueco".

HERNÁNDEZ: Es un área que tiene cada prisión, para disciplinar a los presos, o en casos de protección cuando no pueden estar con el resto de la población. En Miami era un piso, el piso 12. Son celdas de dos personas, aunque hay quien está de manera individual.

Nosotros los primeros seis meses estuvimos solos, cada uno en una celda individual, sin contacto ninguno. Posteriormente nuestros abogados tomaron algunas medidas legales para que se nos permitiera vernos de dos en dos. Pero esos primeros seis meses estuvimos en "solitario", con unas duchitas dentro de la celda para bañarse cuando quisiera. Pero así te mojas toda la celda cuando te bañas.

Allí uno pasa las 23 horas del día. Y hay una hora diaria de recreación en la que lo sacan a uno de la celda y lo llevan para otro lugar. En Miami era prácticamente otra celda, pero un poco más grande y con unas rejillas, que se podía ver un poco del cielo. Sabías si era de día o de noche, y entraba aire fresco. Esa era la llamada "recreación". Muchas veces no íbamos porque tomaba mucho tiempo en lo que esposaran a uno, lo revisaran, le revisaran su celda, lo llevaran. A veces estábamos todos juntos en la misma celda y podíamos conversar.

El régimen era muy estricto. Se usa para disciplinar a los presos, como castigo por haber cometido una indisciplina grave. Estábamos 23, a veces 24 horas del día dentro de cuatro paredes bastante pequeñas y sin nada que hacer. Es bastante difícil del punto de vista humano. Muchas personas no podían resistir. Veías como perdían sus mentes, dando gritos.

LANDAU: ¿Habías hecho algo malo?

HERNÁNDEZ: No, para allí fuimos desde el principio. Ellos dijeron que era para protegernos del resto de la población. Pero en mi opinión, tiene que ver con intentos de que nosotros cambiáramos de "orilla", que traicionáramos.

Cuando no funcionó ni el miedo ni la intimidación, pensaron, "Bueno, vamos a ponerlos unos cuantos meses allí en solitario a ver si no cambian de opinión".

Lo único que se podía leer era la Biblia, y había que hacer una solicitud por escrito al *chaplain* [capellán]. Hice la solicitud. Para tener algo que leer, pedí una Biblia.

Cuando me la traen —no sé si era una gran casualidad o no— tenía adentro algunas tarjetas, entre ellas con los teléfonos del FBI. Por si acaso se me había olvidado, ¿no? Como diciendo, "Bueno, si este hombre que es comunista está pidiendo una Biblia... es porque está a punto de virarse". Me imagino que haya sido la forma en que ellos pensaban, en el medio de su esquema, su prejuicio.

Homenaje a Nelson Mandela

GERARDO HERNÁNDEZ

El siguiente mensaje lo escribió Gerardo Hernández al recibir la noticia de la muerte de Nelson Mandela, dirigente de la lucha revolucionaria que tumbó al régimen supremacista blanco en Sudáfrica.

En febrero de 1990, tras mantener a Mandela entre rejas durante 27 años, el tambaleante gobierno del apartheid se vio forzado a ponerlo en libertad.

En junio de ese año —figurando aún en la "lista de terroristas" de Washington (hasta 2008)— él visitó ocho ciudades de Estados Unidos en un recorrido de 12 días. En Miami los funcionarios municipales se negaron a darle una bienvenida a Mandela, denunciándolo por su solidaridad con Cuba y con la Revolución Cubana.

■

QUIENES DEDICAN ilimitados recursos a borrar y reescribir la historia, y lo tuvieron en sus listas de "peligrosos terroristas", hoy sufrirán de amnesia colectiva.

Quienes lo agraviaron negándole un homenaje en la ciudad de Miami, por abrazar a Fidel y agradecer la ayuda de Cuba a África, hoy tendrán que callar avergonzados.

Los Cinco seguiremos enfrentando cada día la injusta pri-

LIBORIO NOVAL/GRANMA

"Yo me encontraba en prisión cuando por primera vez me enteré de la ayuda masiva que las fuerzas internacionalistas cubanas le estaban dando al pueblo de Angola, en una escala tal que era difícil creerlo", dijo Nelson Mandela. "Para el pueblo cubano, el internacionalismo no es simplemente una palabra, sino algo que hemos visto puesto en práctica en beneficio de grandes sectores de la humanidad".

Arriba: Mandela con Fidel Castro en Matanzas, Cuba, donde hablaron ante decenas de miles de personas el 26 de julio de 1991. Mandela agradeció al pueblo cubano por su aporte a la lucha libertaria en África austral. Gerardo Hernández, René González y Fernando González fueron combatientes voluntarios en Angola.

sión —hasta el final— inspirados en su ejemplo de lealtad y resistencia.

¡Gloria eterna al gran Nelson Mandela!

Prisión federal de Victorville, California
5 de diciembre de 2013

La tortura de Campos

GERARDO HERNÁNDEZ

El siguiente recuerdo de sus días en el "hueco" fue suscitado por las 15 acuarelas de Antonio Guerrero, "Yo me muero como viví", que recuerdan los meses que los Cinco Cubanos permanecieron recluidos en celdas de castigo en el Centro Federal de Detención en Miami tras su arresto el 12 de septiembre de 1998. Apareció en la revista digital *CubaDebate*, basada en La Habana, el 11 de septiembre de 2013.

■

DE ÉL APENAS SUPIMOS su apellido, que no era Campos, pero prefiero no revelar el verdadero.

Aunque hablaba poco, decía que era cubano, y que había venido por el Mariel en 1980. La primera vez que lo vimos lo habían puesto en una celda frente a la nuestra en el "hueco". Algo delataba ya su aspecto, pero solo nos percatamos de los serios problemas de su mente cuando nos pidió una revista. Tiramos la línea por debajo de nuestra puerta para que entrara por la de él, con la revista atada al otro extremo. Tan pronto Campos la recibió, allí mismo, parado en la puerta de su celda, comenzó a arrancar las hojas y a comérselas.

Apenas podíamos creer lo que habíamos visto, y aquella misma noche comprobaríamos que su locura no era fingida.

Unos golpes secos, como de martillazos, no nos dejaron dormir.

Quienes ya lo conocían le gritaban desde sus celdas:

"¡Campos, por favor!"

Y palabrotas que subían de tono cuando la desesperación aumentaba. Más tarde supimos el origen del agobiante ruido: Campos —a quien, por supuesto, siempre tenían solo en una celda— se acostaba en la parte de abajo de la litera, y con los pies movía una y otra vez la plancha de hierro de la de arriba.

Recordé cuando de niño hacía lo mismo con las tapas de las viejas latas de galletas, solo que el estruendo de la cama retumbaba en toda aquella ala del piso 12, y llegó a convertirse, noche tras noche, en una verdadera tortura psicológica. A veces parecía que el ruido iba a cesar, que Campos se había cansado, que al fin podríamos dormir… cuando de pronto comenzaba otra vez, y se mantenía así toda la madrugada.

Durante el día Campos apenas se sentía, era su tiempo de dormir. Cuando nos dimos cuenta, algunos tratamos de hacer ruido a cada rato pateando las puertas de hierro de las celdas, pensando que si no lo dejábamos dormir tal vez tendría sueño al caer la noche. (¡A ese extremo llegó nuestra desesperación!) Pero fue en vano. Nada pudo hacer que Campos variara sus hábitos nocturnos.

Nunca supimos si en realidad tomaba las pastillas que le daban. Tal vez era el medicamento el que lo hacía dormir algunas horas. En más de una ocasión, durante las pocas veces que lo vimos despierto de día, se dedicó meticulosamente a embarrar con su excremento las paredes de la celda, la puerta y el estrecho cristal de esta por donde los guardias vigilaban. Al no poder ver hacia adentro, los guardias llamaban al equipo antimotines —las "tortugas ninjas", como algunos les llamaban por su atuendo— quienes abrían la puerta y sacaban a Campos por la fuerza.

Como la tortura de Campos durante varias noches seguidas se hacía insufrible, algunos presos comenzaban a protestar, incluso por escrito, hasta que a él lo trasladaban hacia el ala opuesta del piso 12. De aquella, luego de varios días de sufrimientos y una vez iniciadas las protestas, los guardias lo volvían a mover. Rotarlo entre alas (Este y Oeste) era la solución que los carceleros habían encontrado para repartir la tortura entre todos.

Campos fue el primer cubano que conocimos en prisión sufriendo de una enfermedad mental que a simple vista requería ser mejor tratada. Tristemente no sería el único.

Desde el hueco

ANTONIO GUERRERO

El 13 de octubre, ante la orden de un tribunal de apelaciones, la sentencia de cadena perpetua sin posibilidad de libertad condicional que le habían impuesto a Antonio Guerrero fue reducida a 21 años y 10 meses. Mientras aguardaba su audiencia de resentencia, estuvo recluido de nuevo en el Centro Federal de Detención en Miami, donde los Cinco habían estado presos más de tres años después de su arresto en septiembre de 1998. Fue ahí donde escribió este poema.

I

Miami ante mis ojos. Me desvelo.
Un terco endecasílabo rebota
entre la lucidez de un rascacielos
y la tragedia de la ducha rota.

Por la ventana miro el sol naciente
encender los cristales refractarios,
en toda dirección anda la gente
con quienes hago un mundo imaginario.

Los cruceros de la Royal Caribbean,
el McDonald's, el colegio, los bancos,

“Así le llaman: el Downtown de Miami / masa de hierro, hormigón y vidrios”.

El segundo hueco, por Antonio Guerrero, representa el Centro Federal de Detención, la corte y el área aledaña. “En medio, un cuartico, con una puerta pintada en negro”, escribió. “Fue el lugar donde se ubicaron nuestras ‘evidencias’. Se pudiera contar con los dedos de la mano las veces que estuvimos, cada uno con su abogado”.

el sin techo hurgando en la basura,
la vendedora bajo su sombrilla
siguen ahí y yo vuelvo a mirarlos desde el "hueco",
es decir, "desde mi altura".

II

Así le llaman: el Downtown de Miami,
masa de hierro, hormigón y vidrios.
Por el día un auténtico hormiguero.
Por la noche un lugar hosco y vacío.

Símbolos del poder y la opulencia:
sus cada vez más altos edificios:
bancos de transacciones millonarias,
residencias de escasos inquilinos.

En la cosmética urbanización
hay parqueos para incontables autos.
Y no sé bien cómo decirlo en verso
pero lo que más llama mi atención
es que el sistema de transporte público
quienes más lo utilizan son los negros.

III

Otra vez overol color naranja.
Otra vez soledad entre ladrillos.
Otra vez colchón roto sin almohada.
Otra vez griterío en el pasillo.

Otra vez cambiar ropa a la semana.
Otra vez diminuto lapicito.
Otra vez de milagro: una llamada.
Otra vez caminata sin destino.

Otra vez jaula para "recrearse".
Esta vez ni siquiera dan café.
Otra vez piso sucio, ducha fría...
Otra vez un *"cop-out"* para quejarse,
No responden, por supuesto, otra vez.
Otra vez "hueco" y otra vez "poesía".

En las cárceles de EE.UU., el haber ido a juicio te gana respeto

RENÉ GONZÁLEZ

Escambray, un semanario de la provincia cubana de Sancti Spíritus, entrevistó a René González para su edición del 15 de junio de 2013, poco después de su regreso a Cuba. En el siguiente fragmento González habla sobre su arresto y el tiempo que estuvo preso.

■

ESCAMBRAY: ¿En cuáles circunstancias aconteció su arresto el 12 de septiembre de 1998?

RENÉ GONZÁLEZ: Un arresto en Estados Unidos es un eufemismo por asalto; realmente constituye un asalto. Te asaltan la casa con un alarde de violencia para paralizarte; es el primer paso para ablandarte. Los policías federales empezaron a golpear la puerta; en otros casos las tumbaron con un ariete. Nosotros vivíamos en un pasillo muy estrecho y la puerta era de hierro. Parece que la física no les dio y no podían derribarla. La golpearon violentamente, y cuando abrí entraron con pistolas afuera. La empujaron, me lanzaron contra el piso mientras me amenazaban con la pistola, me esposaron de inmediato.

Cuando Olguita salió del cuarto la tiraron contra la pared. Después me levantaron; me preguntaron si era René González y si yo era de Hermanos al Rescate. Me sacaron de la casa ese sábado y de allí me llevaron hasta la prisión.

ESCAMBRAY: ¿Cómo describir los primeros días de cárcel?

GONZÁLEZ: Los primeros días son terribles. Además, en el caso nuestro, no fue como en otros que normalmente ellos te llevan a un área de admisión, te dan tu ropa, te explican cómo funciona la cárcel, te dan una llamada telefónica.

A nosotros nos dieron un tratamiento especial; en términos militares eso lo llaman "golpe y estupor"; o sea, te arrestan violentamente, te pasan por el FBI para ver si vas a ser de los que te declaras culpable o no, de los que cooperan o no. De inmediato te meten en el "hueco", solo ahí, para que comiences a pensar en lo que te espera. Son días en los que no puedes dormir; ni siquiera nos dieron una sábana, nada.

En ese momento se decide tu futuro. Si no decides rajarte, después no lo vas a hacer. Nosotros decidimos desde ese momento que no nos íbamos a rajar y ya. Me tocó esto, pues, a enfrentarlo.

Hasta el lunes fueron días difíciles. Todo es un teatro que se prepara. Te tienen el sábado, domingo a solas con tus pensamientos, sin afeitarte, sin lavarte los dientes. El lunes te visten de payaso y te bajan a la corte. Te hacen pasar por un pasillo, y está toda esa jauría de gente, llena de odio, mirándote encadenado, barbudo, con aspecto cadavérico, y la preocupación por la familia está dándote vuelta.

Tuve suerte. Cuando me bajan del elevador y me enfrentan a ese salón lleno de gente y voy buscando a la familia, de pronto siento un grito: "¡¡¡Papiiii!!!" Miro y está Irmita haciéndome así [René levanta el dedo pulgar hacia arriba, bien alto]. A partir de ahí respiré y me dije: este aire me dura hasta que se acabe esto, y me sigue durando todavía.

ESCAMBRAY: ¿A qué se aferró usted para no traicionar, como sí lo hicieron otros miembros de la red cubana?

GONZÁLEZ: En lo más básico, a la dignidad humana; yo

creo en el valor de la dignidad. El proceso demostró que hay quienes no creen en ese valor, pero los valores humanos existen. Todos los proclamamos, pero en condiciones como esas se demuestran quiénes creen en ellos o no. Los Cinco creímos en ellos. Si los valores humanos existen, no veo por qué un ser humano deba ceder a la fuerza bruta, más allá de los ideales políticos.

Porque este tipo tiene la capacidad de maltratarme, de encerrarme, ¿yo cedo? Nadie me enseñó que eso tenía ningún valor. A eso se añade la misión que estabas haciendo, el conocimiento de tu causa, la conciencia de lo que estuviste haciendo, saber que tienes la razón, saber que estabas defendiendo la vida humana, saber que estás siendo juzgado injustamente.

Todo eso se va añadiendo. Y más allá de eso también está la conducta de ellos. Tú los ves mentirle a la jueza, chantajear testigos, engañar a la corte, burlarse de las órdenes de la jueza, mentirles a los jurados, preparar gente para que mienta. Al ver que se rebajan y se rebajan, dices: ¿hasta qué punto puede rebajarse esta gente? Entonces te dices: yo no puedo ceder ante esta gente.

ESCAMBRAY: Usted estuvo encarcelado en Pennsylvania, Carolina del Sur y Florida. ¿Cómo hacerse respetar en un ambiente tan hostil?

GONZÁLEZ: En el caso del sistema penitenciario norteamericano, el haber ido a juicio te gana mucho respeto; casi nadie va a juicio. La gente tiene miedo de ir a juicio; el sistema está arreglado de forma tal que el que va a juicio lo pierde. Los abogados te convencen de que no vayas y de que cooperes con la fiscalía, y cooperar termina siempre con delatar a alguien. ¿Qué pasa? Cuando fuiste a juicio, te enfrentaste al gobierno.

La gente te respeta mucho por eso. Además, saben que no los vas a delatar.

Y más allá está la actitud tuya. Si tú tratas bien a la gente, en general, te tratan bien. Debes relacionarte con personas que tengan actitudes positivas, constructivas; rehuir a conductas como el juego, las deudas; no involucrarte en las pandillas.

Las cartas ayudan bastante, es decir, el que la gente te vea recibir muchas cartas de todos los países; entonces, vienen y te piden los sellos. Nos ayudó la emisión de sellos cubanos. Decían, "¡Coñooo! ¡Ese tipo sale en un sello!" Hasta los guardias me los pedían escondidos: "Fírmamelo".

ESCAMBRAY: ¿Hubo alguien entre los compañeros de celda o de prisión, en general, que lo marcara a usted?

GONZÁLEZ: Tuve muchos compañeros de celda. Recuerdo a un rapero que estuvo conmigo en Marianna y se involucró tanto en el caso que un día cogió un pulóver y entre él y Roddy [Rodolfo Rodríguez] lo pintaron con el símbolo de los Cinco. Se metieron en la yarda, y cantó una canción *rap* ahí por los Cinco; por poco aquello se revuelve allí.

Roddy es un caso curioso: un cubano con un prontuario delictivo desde que era muchacho, inclusive, violento. Sin embargo, cuando me conoció —ya estaba en un proceso de evolución— él tenía mucho resentimiento contra Cuba. A través de nuestras relaciones comenzó a cambiar sus visiones de Cuba, de la revolución, de Fidel. Luego era más comunista que yo. Me reía a veces: "Oye, compadre, dale un *break* a la gente; no te fajes con todo el mundo".*

Había un *super-maxista* [de una prisión de super-máxima seguridad] blanco que había tenido, también, un pasado muy violento, una infancia muy disfuncional, había terminado en lo que les llaman *skinheads* [cabezas rapadas], asaltó bancos. Poco a poco había ido reconsiderando, y le tocó la suerte de estar conmigo en la celda cuando él estaba en ese proceso. Se me acercó, reflexionó mucho conmigo y terminó politizán-

* Ver la entrevista a Rodolfo Rodríguez, pp. 17–25.

MIGUEL GUZMÁN RUIZ/PRENSA LATINA

"En el sistema penitenciario norteamericano, el haber ido a juicio te da respeto", explica René González. "Casi nadie va a juicio. La gente tiene miedo. El sistema está arreglado de forma tal que el que va a juicio lo pierde. Los abogados te convencen a que cooperes, y cooperar termina siempre con delatar a alguien. Cuando fuiste a juicio, te enfrentaste al gobierno. La gente te respeta por eso. Saben que no los vas a delatar".

González habla con reporteros frente a la Sección de Intereses de Estados Unidos en La Habana, 6 de mayo de 2013, tras renunciar a su ciudadanía norteamericana, condición impuesta por una corte federal para permitir su regreso a Cuba.

dose. En general, sí hay mucho respeto hacia uno por parte de todos los presos.

ESCAMBRAY: Su esposa Olga [Salanueva] se convirtió en horcón de una familia, madre y padre a la vez. No obstante, usted no perdió las riendas de la casa.

GONZÁLEZ: Las riendas de la casa las tenía Olguita; hay que ser franco. No me gusta estar dirigiendo a la gente desde la distancia. Yo confié en Olguita; mi papel era hacer bien lo mío allá. Me pareció siempre importante que ellos supieran que yo estaba bien; de la misma forma que para mí era muy importante saber que ellas estaban bien.

Olguita sabía lo que tenía que hacer, y lo hizo bien. Y dentro de eso el intercambio con las muchachitas, el consejo… Ellas han tenido una relación muy abierta siempre conmigo. No soy un padre gruñón, creo que soy un buen padre, un buen amigo.

ESCAMBRAY: ¿Qué hacía René para salir de la depresión que le llega a todo ser humano, más aun en un encierro?

GONZÁLEZ: No me llegó, no. Yo acuñé una frase de la que la gente se reía. Me preguntaban por la mañana, "¿Cómo tú estás?" *"I'm always ok"* [Yo siempre estoy bien]. Y ya la gente venía y me decía, "Yo sé que tú estás bien".

¿Por qué lo decía? No sé, uno tiene que espantar esas cosas, tienes que luchar. Hay días que te levantas más ansioso, o sea, la ansiedad sí llega. Hay una dosis de ansiedad que está ahí, y que tienes que aprender a reconocerla, y decirte: relájate. Hay días que te levantas y a lo mejor estás un poco más irascible. Es cuando tienes que decirte: espérate, no te vayas a buscar un problema.

Me refugié mucho en el ejercicio físico, en la lectura, en el estudio. Para mí era muy importante no mirar el tiempo. El tiempo no me va a matar, me decía, y me funcionó. No me llegué a deprimir nunca.

Nunca les daré el gusto de destruir a nuestra familia

ELIZABETH PALMEIRO

La siguiente entrevista a Elizabeth Palmeiro, cuyo esposo es Ramón Labañino, se realizó en La Habana el 5 de diciembre de 2012.

En el juicio amañado en Miami en 2000–2001, Labañino fue acusado de actuar como agente no registrado de un gobierno extranjero y de "conspiración para recoger y transmitir información relativa a la defensa nacional", o sea, conspiración para cometer espionaje. Fue sentenciado a cadena perpetua más 18 años.

En 2008 un tribunal de apelaciones dictaminó que, ya que no había prueba alguna de espionaje y no se recogió o transmitió información secreta, la sentencia contra Labañino excedía las pautas federales. El año siguiente su condena fue reducida a 30 años. Si cumpliera toda su sentencia, no sería puesto en libertad hasta octubre de 2024.

Antes de que su sentencia fuera reducida, Labañino pasó varios años en las penitenciarías federales de máxima seguridad en Beaumont, Texas, y en el condado de McCreary, Kentucky. Al momento de esta entrevista estaba recluido en la Institución Correccional Federal de mediana seguridad en Jesup, Georgia. Actualmente está en la prisión federal de baja seguridad en Ashland, Kentucky.

La entrevista fue realizada por Mary-Alice Waters, Róger Calero y Martín Koppel.

■

MARY-ALICE WATERS: Elizabeth, para comenzar, cuéntanos un poco de ti. ¿Cómo se conocieron tú y Ramón?

ELIZABETH PALMEIRO: Nos conocimos donde parece que la mayoría de las parejas cubanas se conocen: esperando la guagua [el bus]. Nos veíamos siempre en la parada, y unas semanas más tarde salimos.

Eso fue en 1989. Yo trabajaba para el Ministerio del Interior como traductora de inglés, igual que hoy.

Ramón estaba trabajando de economista en el Ministerio del Comercio Exterior. Él se había graduado en la Universidad de La Habana, donde fue dirigente de la FEU [Federación Estudiantil Universitaria]. También se destacó en karate; ganó medallas en los juegos universitarios.

Nos casamos el 2 de junio de 1990.

WATERS: Eso fue cuando se derrumbó todo el comercio y otras relaciones con Europa oriental y la Unión Soviética, de la noche a la mañana, y al comienzo de lo que los cubanos llaman Período Especial.

PALMEIRO: Sí, la situación económica ya empezaba a ponerse muy difícil. Cuando fuimos a comprar cosas para el hogar con el subsidio especial que les daban a todas las parejas recién casadas, no había casi nada en las tiendas: ¡un sartén fue lo único que pude comprar para la cocina!

WATERS: ¿Y Ramón comenzó su misión internacionalista en Estados Unidos dos años más tarde, en 1992?

PALMEIRO: Sí. Pero lo que me dijo fue que se iba a trabajar a España. Que tenía un trabajo como economista en una empresa española para ayudar a obtener medicamentos y paliar los efectos del bloqueo económico norteamericano. Yo podía entender la importancia de eso.

Pasaban meses, y yo de él no sabía nada. Era muy lento el

correo entre España y Cuba, y Ramón no llamaba. Mandaba una carta cada tres o cuatro meses. Él no estuvo aquí cuando nació Laura, nuestra primera hija, en 1992; la conoció cuando ella tenía un año. Cuando Lizbeth nació en 1997, él no llegó a tiempo para el parto. Llegó esa noche, y después se quedó un mes en Cuba.

Luego partió nuevamente, por un año y medio.

La mamá de Ramón no comprendía lo que sucedía. Y algunos miembros de mi familia y compañeras de trabajo hacían comentarios poco felices.

WATERS: ¿Tus amigas te decían que lo dejaras? ¿Que seguramente él vivía con otra mujer?

PALMEIRO: Bueno, había esa duda. Pero siempre había algo en el fondo que me decía que Ramón no podía estar haciendo eso, que no podía estar haciendo nada de lo que yo pudiera sentirme avergonzada.

Cuando Ramón venía, él se adaptaba a los apagones y a las otras limitaciones aquí. No había facilidades para poner un buen plato de comida en la mesa, pero él comía cualquier cosa que se le servía. Nunca se quejaba. Casi no había transporte por la falta de combustible, así que había que andar en bicicleta. Él montaba la bicicleta igual que todo el mundo. Tenía que andar mucho a pie. Bajó mucho de peso mientras estuvo acá, como 20 libras.

Jamás me pasó por la mente que cuando llegaba a casa, estaba pasando por un proceso de descompresión, por las tensiones que él estaba viviendo.

En su segunda visita, en 1995, le pedí más explicación. Me dio a entender que no estaba del otro lado del Atlántico, que estaba en Estados Unidos. Pero siguió diciéndome que estaba tratando de paliar un poco los efectos del bloqueo norteamericano y obtener acceso a medicamentos y maquinaria para Cuba.

Lo primero que pensé fue, "Tú no estarás trabajando como infiltrado, ¿no?" Porque Cuba ha sido víctima del terrorismo desde 1959, y los cubanos sabemos que hombres como los Cinco han existido a lo largo de la historia de la revolución, infiltrando esos grupos para conocer de sus planes.

Él dijo, "Yo no, ojalá, sería un honor. Pero estoy haciendo unas cosas importantes". Incluso no me dijo que estaba en Miami. "No te preocupes", me dijo, "Estoy en Washington, bien lejos de todos ellos", es decir, lejos de los contrarrevolucionarios.

Entonces me tranquilicé. Y a partir de ese momento me convertí en su retaguardia. Traté de hacer su vida más fácil. No más reclamos ni dudas insidiosas.

En septiembre de 1998, Ramón iba a regresar a casa. Acababa de visitar dos meses antes, debido al fallecimiento de su madre, Nereida Salazar. Limpié la casa y me preparé para su llegada. Y entonces recibí la noticia de que lo habían arrestado.

Al principio yo me decía, "¿No habrá una equivocación allí? ¿No será otro?" Porque el hombre que arrestaron se llamaba Luis Medina. Claro, Ramón no me había hablado de su doble identidad. Pero cuando vi las fotos en el *Miami Herald*, supe que sí, era él.

Fue entonces que las autoridades cubanas me informaron de la verdadera misión de Ramón: de infiltrar esos grupos terroristas en Florida, buscando información sobre ellos para evitar más muertes. Claro, una vez que salga, voy a conocer más de lo que hacía. Pero los cinco estaban involucrados en ese trabajo: en el seguimiento de Orlando Bosch, de Hermanos al Rescate, de Alpha 66, de todos esos grupos terroristas.

Cuando finalmente me encontré con Ramón en Miami en 2001, le di las gracias por haberme tenido tan ajena a su misión, por haberme protegido de saber lo que él estaba haciendo. Si yo lo hubiera sabido, para mí habría sido una tremenda presión, en una situación en que yo asumía mi rol al frente de la familia que juntos habíamos formado. El día que me enteré, sentí mucho dolor. Pero al mismo tiempo, sentí orgullo. Fue como si naciera un nuevo Ramón. Se agigantó ante mis ojos.

Después de caer presos, a los Cinco los pusieron en el "hueco". Esa es la parte especial de la prisión donde tienen a los reclusos en celdas de castigo, aislados de la población general. Ahí estuvieron 17 meses, hasta enero del 2000. Y después no tuve comunicación con Ramón por 10 meses más, hasta que comenzó el juicio a finales de noviembre. Porque hasta ese momento él seguía usando el nombre "Luis Medina", que supuestamente era puertorriqueño y no tenía nada que ver con Cuba. Él no tenía contacto con su familia, ni con la Sección de Intereses en Washington.

Yo sabía que Ramón estaba bien porque Roberto, el hermano de René, visitaba a su hermano y él le contaba que los otros cuatro estaban bien. René es ciudadano norteamericano, igual que Antonio, y no tenía que usar una identidad falsa.

Así que estuvimos un total de 27 meses sin comunicación alguna con Ramón. Igual pasó con las familias de Gerardo y Fernando.

Durante todo ese tiempo, aunque mis padres sabían que Ramón estaba preso, no podía decirle a nadie más: ni a los vecinos, ni siquiera a su familia. Durante esos 27 meses, nadie sabía lo duro que era, por qué yo estaba tan triste.

Al final, como el primero o el 2 de enero de 2001, cuando ya había empezado el juicio y los Cinco habían reconocido sus identidades, Ramón llamó a Cuba y habló conmigo y con las niñas. ¡Qué tremenda alegría! Fue como si apenas hubiéramos hablado la semana anterior.

WATERS: Durante el tiempo que estuvieron en el hueco en

el Centro Federal de Detención en Miami, ¿Ramón no tuvo comunicación con los otros cuatro?

PALMEIRO: Los primeros seis meses, cada uno de los cinco estaba solo en una celda. Después, los oficiales de la prisión empezaron a ponerlos de dos en dos, y uno se quedaba solo. Pero seguían aislados en el llamado *Special Housing Unit*, las celdas de castigo. Ellos llevaron a cabo una lucha para salir del hueco, con la ayuda de sus abogados. Al final, después de 17 meses, los trasladaron a la población general de la cárcel.*

WATERS: ¿Pudiste asistir a alguna parte del juicio?

PALMEIRO: No. Me enteré de lo que estaba pasando por la prensa de Miami. Y por el diario de René, ya que él le escribía a diario a su esposa, Olguita [Salanueva], que había sido deportada de Estados Unidos a Cuba en noviembre del 2000. Olguita me permitía leer las cartas para que yo supiera lo que estaba pasando. Y Ramón, cuando podía llamar por teléfono, me contaba lo que estaba pasando.

Yo no vi a Ramón hasta diciembre de 2001, cuando sentenciaron a los Cinco. Aun así, no pude estar en la sentencia de Ramón, porque las autoridades norteamericanas me demoraron la visa hasta ese mismo día. Solo pude ir a la sentencia de los últimos dos, Fernando y Tony. A Ramón, como a los demás, se lo habían llevado de la corte después de ser sentenciado.

KOPPEL: Después del juicio, ¿con que frecuencia has podido visitar a Ramón en la prisión?

PALMEIRO: En la época de [George W.] Bush, estuve hasta dos años y medio sin poder visitarlo. Con Obama, ya no se demora tanto el proceso del visado. Como promedio lo he visitado más o menos una vez al año, y ahora es dos veces al año.

* Ver el relato de Ramón acerca de esta lucha, pp. 33–37.

CORTESÍA DE ELIZABETH PALMEIRO

"El objetivo de las autoridades es de destruir a los presos y a sus familias", dice Elizabeth Palmeiro. "Cuando visitamos a Ramón, siento que nos están tratando como criminales. Es como si quisieran destruirnos como familia. Y nunca les voy a dar ese gusto".

Ramón con su esposa Elizabeth Palmeiro (derecha) e hijas (desde la izquierda) Ailí, Laura y Lizbeth durante visita a la cárcel en 2004.

Nos permiten un máximo de seis visitas al mes. Yo trato de hacer un viaje de 20 días, con seis visitas al final de un mes y seis a principios del mes siguiente.

Cada día me quedo desde el comienzo hasta el final de las horas de visita: desde las 9:00 de la mañana hasta las 3:00 de la tarde. Pero a veces llegas y están transfiriendo a un preso y te demoran la entrada hasta las 11:00 de la mañana.

O dicen que hay neblina y que no hay visitas hasta que no se despeje.

O hay un *lockdown* y cuando llegas a la prisión te hacen virar para atrás. Eso pasó algunas veces cuando Ramón estaba en prisiones de máxima seguridad —las de Beaumont en Texas y McCreary en Kentucky— antes de su resentencia. Gerardo todavía está encerrado en una prisión de máxima seguridad, la de Victorville en California.

En una visita, Ailí, la hija mayor de Ramón, estuvo un mes entero esperando y tuvo que regresar a Cuba sin poder ver a su papá. En esa ocasión Ramón estuvo 45 días en lockdown en Beaumont. Era una de las peores y más violentas del sistema federal. Él estuvo allí desde 2002 hasta 2008.

Después lo mandaron para la prisión de McCreary. Ahí las visitas se permitían solo el sábado y domingo. ¿Ustedes se imaginan? ¡Viajar desde tan lejos, y que solo te dejen visitar los dos días del fin de semana! Una vez fui a Kentucky pero solo pude verlo a Ramón cuatro días porque había un lockdown. Después no lo pude ver más, ni siquiera despedirme por teléfono: después de no haberlo visto durante dos años y medio.

WATERS: Es importante hablar de estas cosas porque son condiciones que cientos de miles de familias obreras en Estados Unidos conocen y viven. Es muy común que las autoridades manden a las personas a cárceles muy lejos de donde viven, lo que hace muy difícil que las familias los visiten.

PALMEIRO: Yo he compartido esta experiencia con muchas familias que han venido desde muy lejos a visitar a sus familiares —10 o 12 horas por carretera— y después se encuentran que hay un lockdown y no pueden entrar.

CALERO: ¿Otros presos, cómo lo ven a Ramón?

PALMEIRO: Lo ven como una persona distinta. Ramón es muy solidario. Los demás presos lo respetan. Saben que tiene muchos amigos y personas que lo respaldan desde afuera. Ven la cantidad de correspondencia que recibe, la cantidad de materiales con fotos de Ramón y los Cinco. Eso marca la diferencia con otros presos —y hasta algunos de los guardias— que saben que los Cinco son respetados fuera de la cárcel.

Yo les digo a nuestros amigos en el exterior: escríbanles a los Cinco, pero no se decepcionen si no obtienen respuesta. No pueden responder a toda la correspondencia que reciben. Pero es importante escribirles si los queremos proteger.

KOPPEL: Me imagino que algunos de los presos también se interesan en sus ideas y su trabajo político porque saben que los Cinco son revolucionarios, defensores de la Revolución Cubana.

PALMEIRO: Algo bien interesante ocurre dentro de las prisiones. Muchos de los presos han cometido errores en la sociedad, unos más graves o menos graves, pero ninguno de ellos relacionados con política. Pero cuando conocen a la persona que es Ramón, o a cualquiera de los Cinco, llegan a respetarlos e incluso admirarlos.

Él recibe muchos materiales: libros, periódicos, artículos. Algunos de los presos que se relacionan más directamente con él me piden que les mande materiales de los que yo le mando a Ramón. Me han pedido libros, diccionarios.

Una de las cosas que Ramón hace ahora es dar clases de español. Eso les ayuda a otros presos a comunicarse entre sí. Algunos son angloparlantes, y estudian español porque están casados con latinoamericanas.

CALERO: ¿Así que has tenido la oportunidad de conocer a otros presos?

PALMEIRO: Sí. En la prisión de Jesup en Georgia, conocí a un cubano muy amigo suyo, y él le pidió a su familia que lo fueran a visitar cuando yo estuviera ahí, para podernos ver en el salón de visitas. Él siempre lee los periódicos y las revistas que Ramón recibe para estar más informado sobre la causa de los Cinco. Y me pidió libros de José Martí.

Hay presos de otros países —de Guatemala, Colombia, México— que han coincidido con Ramón en la celda y han compartido los materiales que él recibe.

Él también tiene buenos amigos entre presos afroamericanos. Hay muchos afroamericanos y latinos en las prisiones de Estados Unidos. No conozco los números exactos, pero no necesito las estadísticas: veo la realidad en el salón de visitas.

WATERS: Otros presos a veces solicitan libros de Pathfinder o el *Militante* cuando se enteran de estas publicaciones a través de los Cinco.

PALMEIRO: A los presos nada más les permiten cinco libros en la celda. Cuando reciben un sexto libro tienen que regalar alguno de los que tienen o desecharlo. Así que Ramón presta el libro, y se va circulando. Son libros que educan, que enriquecen el conocimiento. Los están leyendo los presos alrededor de él.

WATERS: Recuerdo que recibimos una carta de Ramón después de que leyó un libro publicado por Pathfinder, *Cuba y la revolución norteamericana que viene,* de Jack Barnes. El libro describe lo que los miembros del Partido Socialista de los Trabajadores y la Alianza de la Juventud Socialista hicimos en Estados Unidos en 1961 cuando el gobierno norteamericano organizó la invasión de Cuba, que llevó a la victoria en Playa Girón menos de tres días más tarde. Estábamos ayudando a organizar el Comité por un Trato Justo a Cuba y toda clase de actividades.

Ramón nos escribió diciendo que, aunque había leído muchos libros sobre Playa Girón, en este aprendió cosas "que nunca había leído en otro que tratara esta temática". Dijo que por primera vez percibió "la influencia directa de la Revolución Cubana, su ejemplo y repercusión en el pueblo de Estados Unidos, y en la formación del movimiento revolucionario de izquierda" en esa época.

PALMEIRO: Él lee mucho y de todas las materias. Y además yo le mando por correo electrónico muchos artículos para que esté al tanto de las actividades de solidaridad y otras cosas. No puedo contarle todo por teléfono. Los presos tienen un límite de 300 minutos al mes, y no más de 15 minutos por llamada. Él tiene que llamarnos; nosotros no podemos llamarlo, ni siquiera en casos de emergencia familiar.

CALERO: Cuando lo visitan, ¿pueden tomar fotos con su propia cámara, o las tienen que comprar?

PALMEIRO: Hay un preso cuyo trabajo es tomarles fotos a los visitantes que compraron un ticket. Todo hay que pagarlo: fotos, la comida de las máquinas, el correo electrónico, las llamadas telefónicas. Y es carísimo.

WATERS: Róger conoce algo de estas condiciones de primera mano, porque estuvo recluido por un tiempo en una cárcel de inmigración en Texas en 2002.

CALERO: Sí, mucho de lo que describiste era parecido. No podías tomar fotos, tenías que comprarlas. Pero la actitud de los presos era: no vamos a dejar que nos humillen así. De manera que cuando iban a tomarse las fotos, estaban todos sonrientes, al lado de sus seres queridos.

PALMEIRO: Es una manera de desquitárselas un poco. Porque el objetivo de las autoridades es destruir a los presos y a sus familias. Cuando visitamos a Ramón, siento que nos están tratando como criminales. Es como si quisieran destruirnos como familia. Y yo nunca les voy a dar ese gusto.

KOPPEL: Tu propia formación como revolucionaria trabajando en el Ministerio del Interior debe haberte ayudado a enfrentar esta situación.

PALMEIRO: Claro. Pero ante todo mi formación como cubana. Los cubanos entendemos la necesidad de que existan personas como los Cinco para defender la revolución. Tenemos una larga tradición de lucha, una lucha que se tuvo que redoblar desde el triunfo de la revolución en 1959.

Eso lo aprendí antes de conocer a Ramón. Lo aprendí de mi papá, que era teniente coronel en las FAR [Fuerzas Armadas Revolucionarias]; ahora está jubilado. Dice mi mamá que mi papá no me vio hasta 15 días después de que nací en 1965. Su unidad militar estaba apostada en otro lugar. Él siempre estaba en diferentes misiones y tareas lejos de la casa.

Mi papá cumplió 19 años el 16 de abril de 1961, cuando comenzó la invasión de Playa Girón. Fue uno de los jóvenes —los niños héroes, les dicen— que fueron a defender Playa Girón.

WATERS: Sabemos que esta es una lucha política prolongada, porque el gobierno norteamericano quiere castigar a los Cinco y al pueblo cubano por defender su revolución, por ofrecer un ejemplo en el mundo. Pero hoy día en Estados Unidos hay más posibilidades que nunca para ampliar el apoyo a la lucha por la libertad de los Cinco. Millones de trabajadores han tenido experiencias —como las que tú describes— con la "justicia" de clase de la policía, las cortes y las prisiones en Estados Unidos. Se pueden identificar con los Cinco.

PALMEIRO: Es importante ver a los Cinco como personas normales.

WATERS: Y como los revolucionarios que siguen siendo, donde sea que se encuentren.

PALMEIRO: Sí. No están languideciendo en la celda pidiendo que uno sienta lástima. Hay quienes presentan su caso como una tragedia, una tragedia que merece apoyo. Pero no estamos tratando de inspirar lástima. Solidaridad sí, lástima no.

Para los cinco, el estar preso es parte de una misión. A ellos no les gusta enfocarse en los problemas de salud que inevitablemente han desarrollado por todos esos años de encarcelamiento. Mantienen su dignidad. Pero los problemas de salud que han enfrentado durante todos estos años no han sido debidamente atendidos. Esa es la verdad.

KOPPEL: Como dijo el propio Ramón, "Llevaré el uniforme de recluso con el mismo honor y orgullo con que un soldado lleva sus más preciadas insignias".

PALMEIRO: Eso lo dijo en la corte, justo antes de que lo sentenciaran. Para Ramón y para todos los Cinco, el uniforme de preso es un símbolo de que lo que estaban haciendo era lo correcto.

WATERS: En una entrevista con una periodista cubana hace unos años, Ramón comentaba que su madre siempre quiso que llevara uniforme militar cubano. Pero "nunca pude decirle a mi mamá que desde muy temprana edad yo estaba cumpliendo también sus sueños", dijo. "Yo era militar del silencio, sin el uniforme cotidiano".

PALMEIRO: A mí me gusta más "soldado del silencio". Expresa mejor su disciplina, su compromiso.

Cuando el pueblo norteamericano conozca la verdad sobre este caso —cuando vean quiénes son realmente estos hombres, lo que estaban haciendo y por qué lo estaban haciendo— van a pedir la libertad para los Cinco y apoyar su causa. De eso estoy convencida.

Se sentirán orgullosos de tener a hombres como ellos entre sus filas.

¿Por qué luchamos por los Cinco? Porque estamos luchando por nosotros

RAFAEL CANCEL MIRANDA

Rafael Cancel Miranda, dirigente revolucionario de la lucha por la independencia de Puerto Rico por más de seis décadas, fue el principal orador en un encuentro en Washington el 14 de septiembre de 2012; a continuación se reproducen sus palabras. El mitin, donde se exigió que el gobierno norteamericano pusiera en libertad a los Cinco Cubanos, marcó el inicio del año 15 de su encarcelamiento.

Cancel Miranda y otros cuatro independentistas puertorriqueños, militantes del Partido Nacionalista dirigido por Pedro Albizu Campos, pasaron más de un cuarto de siglo en prisiones estadounidenses por sus acciones independentistas.

■

MUCHAS GRACIAS por su presencia.

¿Por qué luchamos por los Cinco? Porque estamos luchando por nosotros. No les estamos haciendo un favor a ellos. Nos estamos haciendo un favor a *nosotros mismos*. Estamos luchando por nosotros, por nuestra libertad.

¿Por qué están presos los cinco? Por proteger su país. Por impedir que esos asesinos maten a su gente.

A mí me han llamado terrorista. De hecho, hoy me amenazaron aquí en Washington. Uno de esos derechistas escribió,

"Un terrorista puertorriqueño está en la ciudad". Eso no me molesta. Si me llaman terrorista, quiere decir que estoy haciendo algo bueno. Si me dan una palmada en la espalda, entonces estoy haciendo algo mal. [*Aplausos*]

Saben, yo estuve en la misma cárcel con Orlando Bosch antes de que él pusiera la bomba en el avión. Los dos estábamos en Marion.[1]

Cuando trajeron a Bosch a Marion por primera vez, el alcaide de la prisión me llamó a su despacho porque quería hablar conmigo. Yo normalmente no hablaba mucho con los carceleros. Me llevaron ahí y me dijo, "Vamos a traer a dos presos aquí. Si les pasa algo, tú vas a ser responsable". Yo le contesté al alcaide, "Con tal que no se metan conmigo, todo estará bien". Yo ni sabía quiénes eran, y tampoco me lo dijo el alcaide.

Los vi como una semana o dos más tarde. Eran Orlando Bosch y Rolando Masferrer.[2] Cada vez que ellos venían en mi dirección, si yo iba por este lado, ellos se iban por el otro.

1. Orlando Bosch, contrarrevolucionario entrenado por la CIA, cumplía una sentencia de 10 años en la prisión federal de Marion, Illinois, por disparar una bazuca en 1968 contra un buque de carga polaco en el puerto de Miami. Al salir en libertad condicional, se fue a Venezuela, donde en 1976 él y Luis Posada Carriles organizaron el atentado dinamitero contra un avión cubano sobre Barbados. En el evento del 14 de septiembre en Washington, José Pertierra, abogado del gobierno venezolano en sus intentos de extraditar a Posada, había relatado los hechos del atentado.

2. Durante la dictadura de Batista en Cuba en los años 50, Rolando Masferrer fue jefe de un escuadrón de la muerte batistiano. Después del triunfo revolucionario Masferrer se fugó a Miami, donde fue condenado y encarcelado en 1968 bajo acusaciones de violar la Ley de Neutralidad norteamericana. En 1975 murió al estallar un cochebomba, presuntamente a manos de rivales contrarrevolucionarios.

¡Miren qué valiente ese Bosch! Fuera de la cárcel, él ponía bombas en medio de la noche. Pero hombre a hombre, era un cobarde. Nunca se me acercaba.

Por cierto, cuando Rolando Masferrer salió de la cárcel, lo mataron. Le pusieron una bomba en su coche. Ellos también se mataban entre sí.

Tenemos que mantener vivos los nombres de los Cinco. Por dos razones.

Primero, al mismo tiempo que nosotros luchamos por ellos —y sí es una *lucha*, puesto que estamos luchando por su libertad— ellos nos dan su luz y su fuerza desde la prisión.

Gracias a ellos —a Antonio, a Fernando, a René, a Gerardo, a Ramón— miles o millones de personas han aprendido la verdad de quién es el enemigo.

Hace poco hablé con Gerardo por teléfono. Fue la primera vez que conversamos. No dijo ni una palabra de "Ay, pobre de mí", nada por el estilo. Los hombres y las mujeres como él son fuertes.

Pero también hay otra razón por la cual tenemos que luchar por los Cinco. Una vez le dije a Ricardo Alarcón [presidente de la Asamblea Nacional de Cuba] que hay que mantener viva la lucha porque estamos protegiendo la vida de los Cinco. Mientras más gente esté luchando por ellos, más cuidadosos tendrán que ser los guardias con ellos.

■

Hoy estoy aquí gracias a personas como ustedes, que siguieron luchando y luchando y luchando. Y si hoy estoy vivo, es gracias a personas como ustedes, porque en la cárcel y en Washington, sabían que había miles de personas velando por nosotros. Así que ellos eran más cuidadosos.

A veces nos frustramos un poco. A veces queremos que las

BILL HACKWELL

CORTESÍA DE RAFAEL CANCEL MIRANDA

"Gracias a Antonio, a Fernando, a René, a Gerardo, a Ramón, millones de personas han aprendido la verdad de quién es el enemigo", dijo Rafael Cancel Miranda. "Hoy somos nosotros los que les damos gracias por el ejemplo que nos dan".

Arriba: Rafael Cancel Miranda exige liberación de los Cinco Cubanos en mitin en Washington en septiembre de 2012.

Abajo: Cancel Miranda (izquierda) imparte clase de español en prisión federal de Marion, Illinois, en 1975. Entre 1977 y 1979, él y otros cuatro independentistas puertorriqueños ganaron su libertad tras 25 años de cárcel.

cosas sucedan. Pero las cosas no van a suceder hasta que la gente las haga suceder. Vamos a seguir luchando, luchando.

Cuando los Cinco se enteran de actos como este, se sienten más fortalecidos. No es que necesiten más fuerza: son fuertes, pero yo sé que cuando estábamos en la cárcel, cada vez que recibía una carta de solidaridad, me sentía bien.

Por cierto, yo le dije a [José] Pertierra que estuve preso 27 años y medio. La segunda vez pasé 25 años y medio por esos "petardos" que hicimos estallar en Washington en 1954.[3]

La primera vez que me encarcelaron, yo estaba en la secundaria en Puerto Rico. Fue durante la Guerra de Corea. Yo tenía 18 años. Ellos querían que yo fuera parte de su ejército.

La primera vez me metieron preso por *no* disparar. La segunda vez me metieron preso por haber disparado. Parece que todo depende de a quien le estás disparando. [*Risas y aplausos*]

De hecho, *ellos* invadieron a mi país. Bombardearon mi país el 12 de mayo de 1898, matando a puertorriqueños. Y el 25 de julio de 1898 nos invadieron, matando a puertorriqueños. Eso lo hizo el ejército de Estados Unidos: el mismo ejército al que querían que yo me uniera.

El 24 de octubre de 1935, ellos masacraron a mi gente en Río Piedras, bajo órdenes del coronel Elisha Francis Riggs, designado por Washington como jefe de la policía en Puerto Rico. En Nicaragua Riggs había participado en el asesinato del Ge-

3. En 1954 Cancel Miranda, Lolita Lebrón, Andrés Figueroa Cordero e Irving Flores entraron a la Cámara de Representantes en Washington, desplegaron una bandera de Puerto Rico desde una galería y dispararon pistolas hacia la sala abajo, dejando heridos a cinco congresistas. Declarados culpables, recibieron sentencias de hasta 81 años. Se sumaron a un quinto nacionalista, Oscar Collazo, encarcelado cuatro años antes por un ataque a la residencia temporal del presidente norteamericano Harry Truman.

neral de Hombres Libres, Augusto César Sandino.

El 21 de marzo de 1937, nuevamente masacraron a mi gente en Ponce, bajo órdenes de Blanton Winship, quien junto a Riggs había declarado públicamente, "Frente a los nacionalistas, tiren a matar".[4]

Y después ellos piensan que vamos a mandarles besos y rosas.

Ellos nos invadieron, pero quieren que digamos, "Gracias, son tan amables". Y esperan que nos metamos a su ejército para matar a personas que no nos han hecho nada en Corea y otros países.

Podemos ser tan pacíficos como queramos. Pero eso no quiere decir que vamos a aguantar, que vamos a permitir que hagan lo que quieran con nosotros. Tenemos derecho a luchar, a resistir. [*Aplausos*]

Como decía, yo estaba en la secundaria en Puerto Rico, tenía casi 18 años, y ellos querían meterme en su ejército, para matar a coreanos. ¿Pero por qué? El pueblo coreano no había invadido a mi país.

Yo sabía quién había invadido a mi país. Si alguien invade

4. En 1898 Washington declaró la guerra contra España y le arrebató sus colonias en Puerto Rico, Filipinas y Guam. Además, tropas estadounidenses ocuparon Cuba, que desde 1868 había librado tres guerras de independencia contra España. Buques de guerra norteamericanos bombardearon San Juan, Puerto Rico, el 12 de mayo de 1898, y tropas norteamericanas invadieron la isla por Guánica el 25 de julio de ese año. Desde entonces, Puerto Rico ha estado bajo la bota colonial de Washington.

El 24 de octubre de 1935, la policía asesinó a cuatro partidarios del Partido Nacionalista en la Universidad de Puerto Rico en Río Piedras. El 21 de marzo de 1937, la policía abrió fuego contra un acto del Partido Nacionalista en la ciudad de Ponce, dejando un saldo de 21 muertos y 200 heridos. El gobernador colonial era el general Blanton Winship, nombrado por el presidente norteamericano Franklin Roosevelt.

tu país, vas a luchar contra *ellos*, ¿no?

Ellos dicen que no son terroristas. Pueden asesinar como lo hacen en Iraq y Afganistán: matan a miles de niños y otras personas. Pero esas son bombas "democráticas".

Cuando *nosotros* nos defendemos, nos tildan de "terroristas". Cuando Antonio defiende a su pueblo, es "terrorista". Ramón, René, Gerardo y Fernando son "terroristas" porque evitan que se cometa terrorismo contra su pueblo.

Si eso es ser terrorista, Señor, hágame terrorista por toda la vida. [*Aplausos y exclamaciones*]

Se me olvidó decirles algo. También Batista me metió preso.[5]

Ahora, si tú no le agradas a un Batista, o a un Somoza o Stroessner o Pinochet, quiere decir que algo bueno estarás haciendo.

■

Fue una campaña internacional la que me permitió estar aquí y poder compartir con personas como ustedes: fue una campaña internacional, y fue Cuba. Cuando el gobierno de Estados Unidos se dio cuenta de que no le convenía tenernos en la cárcel, entonces estuvieron dispuestos a hacer un canje de prisioneros con Cuba.[6] Pero fue gracias a personas como ustedes.

5. Rafael Cancel Miranda relató esta experiencia en una entrevista publicada en la edición del 21 de agosto de 2006 del diario cubano *Granma* bajo el título, "Expulsado por Batista, abrazado por Fidel".

6. El gobierno revolucionario de Cuba había ofrecido excarcelar a cuatro agentes norteamericanos presos, incluido el confesado agente de la CIA Lawrence Lunt, si Washington liberaba a los cuatro nacionalistas que aún estaban presos. Cuba lo hizo en septiembre de 1979, 10 días después del regreso a casa de los revolucionarios puertorriqueños.

Carter le estaba diciendo al mundo entero, "¡Derechos humanos! ¡Somos los campeones de los derechos humanos!"

Y entonces la gente decía, "Pero ustedes tienen presos a cinco nacionalistas. ¿Por qué han estado presos tanto tiempo?"

Saben, nosotros podríamos haber salido de la cárcel mucho antes: cuatro años antes del canje de prisioneros. Salimos de la cárcel el 10 de septiembre de 1979. Durante los cuatro años anteriores el FBI estuvo yendo a la cárcel para ofrecernos nuestra libertad a cambio de que pidiéramos perdón. Tanto Lolita Lebrón como Andrés Figueroa Cordero, Irving Flores, Oscar Collazo y yo rechazamos la propuesta.

Sí, también éramos cinco —los Cinco Nacionalistas— y ahora tenemos a los Cinco Cubanos.

¿Por qué querían que pidiéramos perdón o aceptáramos condiciones? Porque nos habíamos convertido en símbolo de resistencia de nuestros pueblos, incluyendo la de los pueblos de Nicaragua, El Salvador, Guatemala y otros países. Y querían aplastar ese símbolo.

Pero les contestamos, "Ustedes son los que tienen que pedirnos perdón a nosotros. Ustedes son los que bombardearon a nuestro país, que masacraron a nuestro pueblo".

Así que la presión internacional estaba fuerte. Y ahí llegó Fidel. Cuando digo Fidel, estoy diciendo Cuba. Porque si buscan un gobierno que realmente representa el pueblo, es el de Cuba.

Yo tenía 23 años cuando subí la escalinata del Capitolio. Hoy tengo 82, y no he cambiado en nada mi forma de pensar.

Solo que hoy, quizás, soy un poco más revolucionario: porque conozco mejor al enemigo.

Hoy somos nosotros los que damos gracias a los Cinco. Les agradecemos por el ejemplo que nos dan.

LA LUCHA DE CLASES EN ESTADOS UNIDOS

Rebelión Teamster

FARRELL DOBBS

Sobre las huelgas de 1934 que lograron la sindicalización de camioneros y trabajadores de depósitos en Minneapolis y allanaron el camino para el movimiento social obrero que forjó los sindicatos industriales. El primero de cuatro tomos narrados por un dirigente central de estas batallas. US$16. También en inglés, francés, persa y griego.

50 años de operaciones encubiertas en EE.UU.

La policía política de Washington y la clase obrera norteamericana

LARRY SEIGLE, FARRELL DOBBS, STEVE CLARK

Cómo los trabajadores con conciencia de clase han luchado contra los esfuerzos por reforzar el "estado de seguridad nacional" que es esencial para mantener el dominio capitalista. US$10. También en inglés y persa.

¿Son ricos porque son inteligentes?

Clase, privilegio y aprendizaje en el capitalismo

JACK BARNES

Expone las crecientes desigualdades de clase en EEUU y las justificaciones de las capas profesionales bien remuneradas que creen que su "brillantez" los califica para "regular" a los trabajadores, quienes supuestamente no sabemos lo que nos conviene. US$10. También en inglés, francés, persa y árabe.

¿Es posible una revolución socialista en Estados Unidos?

Un debate necesario entre el pueblo trabajador

MARY-ALICE WATERS

Un rotundo "sí" es la respuesta que se presenta aquí. Posible, pero no inevitable. Eso depende de lo que haga el pueblo trabajador. US$7. También en inglés, francés y persa.

Ha comenzado el invierno largo y caliente del capitalismo

JACK BARNES

Explica que la crisis capitalista global de hoy es la etapa inicial de décadas de convulsiones económicas, financieras y sociales y de batallas de clases. Los trabajadores con conciencia de clase necesitamos trazar un curso revolucionario para afrontar esta coyuntura histórica del imperialismo. En *Nueva Internacional* no. 6. US$14. También en inglés, francés, persa, árabe y griego.

Malcolm X habla a la juventud

"La joven generación de blancos, negros, morenos y demás: ustedes viven en tiempos de revolución", dijo Malcolm X en diciembre de 1964. "Yo me sumaré a quien sea, no me importa de qué color seas, siempre que quieras cambiar la situación miserable que existe en este mundo". Cuatro charlas y entrevistas que Malcolm dio en los últimos meses de su vida. US$12. También en inglés, francés, persa y griego.

WWW.PATHFINDERPRESS.COM

LA REVOLUCIÓN CUBANA Y SU IMPACTO, DE ÁFRICA A EEUU

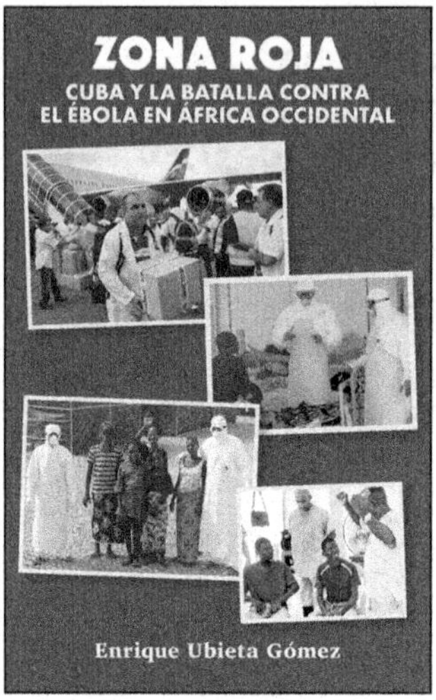

Zona Roja

Cuba y la batalla contra el ébola en África Occidental

ENRIQUE UBIETA GÓMEZ

Cuando tres naciones africanas fueron asoladas en 2014–15 por una epidemia de ébola, el gobierno revolucionario de Cuba brindó lo que ningún otro país intentó aportar: más de 250 médicos, enfermeros y especialistas de salud pública voluntarios. Este recuento testimonial de sus actividades demuestra el tipo de hombres y mujeres que solo una revolución socialista puede producir. US$17. También en inglés y francés.

De la sierra del Escambray al Congo

En la vorágine de la Revolución Cubana

VÍCTOR DREKE

Dreke, segundo al mando de la columna internacionalista dirigida por Che Guevara en el Congo en 1965, describe el júbilo creativo con que el pueblo trabajador ha defendido su trayectoria revolucionaria: desde la sierra del Escambray hasta África y más allá. US$15. También en inglés.

Cuba y la revolución norteamericana que viene

JACK BARNES

Sobre las luchas del pueblo trabajador en el corazón del imperialismo, sobre los jóvenes atraídos a ellas y el ejemplo del pueblo cubano, el cual muestra que una revolución no solo es necesaria: se puede hacer. Trata sobre la lucha de clases en Estados Unidos, donde hoy las fuerzas dominantes descartan las capacidades revolucionarias de los trabajadores y agricultores tan rotundamente como descartaron las del pueblo trabajador cubano. Y de forma igualmente errada. US$10. También en inglés, francés y persa.

October 1962

The 'Missile' Crisis as Seen from Cuba

(Octubre de 1962:
La crisis de los 'misiles' vista desde Cuba)

TOMÁS DIEZ ACOSTA

En octubre de 1962, Washington llevó al mundo al borde de una guerra nuclear. Un relato a fondo de ese momento histórico desde la perspectiva del pueblo cubano, cuya disposición de defender su soberanía y su revolución socialista frenó los planes de Washington de lanzar un ataque militar devastador. En inglés. US$17

Soldado de la Revolución Cubana

De los cañaverales de Oriente a general de las Fuerzas Armadas Revolucionarias

LUIS ALFONSO ZAYAS

El autor narra sus experiencias durante cinco décadas de la revolución. Desde sus años de combatiente adolescente en la lucha clandestina y la guerra en 1956–58 que tumbó a la dictadura apoyada por Washington, hasta las tres misiones en que fue un dirigente de las fuerzas voluntarias cubanas que ayudaron a Angola a derrotar una invasión del ejército de la Sudáfrica supremacista blanca, Zayas relata cómo hombres y mujeres comunes y corrientes en Cuba transformaron el curso de la historia y así se transformaron ellos mismos. US$15. También en inglés.

¡Qué lejos hemos llegado los esclavos!

Sudáfrica y Cuba en el mundo de hoy

NELSON MANDELA, FIDEL CASTRO

Mandela y Castro, hablando juntos en Cuba en 1991, abordan el papel decisivo de Cuba en la historia africana y la victoria en Angola contra el ejército invasor sudafricano, y cómo impulsó la lucha que derrocó el sistema racista del apartheid. US$7. También en inglés y persa.

AMPLÍE SU BIBLIOTECA REVOLUCIONARIA

El trabajo, la naturaleza y la evolución de la humanidad

La visión larga de la historia

FREDERICO ENGELS, CARLOS MARX, GEORGE NOVACK, MARY-ALICE WATERS

¿Por qué es importante saber que el trabajo social, al transformar la naturaleza, ha sido la fuerza motriz de la evolución de la humanidad durante millones de años? Es porque sin ese conocimiento, el pueblo trabajador será incapaz de ver más allá de la época capitalista, más allá de la explotación de clase que deforma todas las relaciones humanas, las ideas y los valores. La dictadura del capital tuvo su comienzo… y tendrá su fin. Pero solo la conquista revolucionaria del poder estatal por la clase obrera puede abrir paso a un mundo libre de la despiadada realidad social del capitalismo. Un mundo basado en la solidaridad humana. Un mundo socialista. US$12. También en inglés y francés.

El Manifiesto Comunista

CARLOS MARX Y FEDERICO ENGELS

El comunismo, según explican los dirigentes fundadores del movimiento obrero revolucionario, no es un conjunto de ideas o "principios" preconcebidos sino el camino de la clase obrera hacia el poder, que surge de un "movimiento que se desarrolla ante nuestros ojos". US$5. También en inglés, francés, persa y árabe.

Is Biology Woman's Destiny?

(¿Es la biología el destino de la mujer?)

EVELYN REED

Las raíces de la opresión de la mujer como "segundo sexo". En inglés, persa y árabe. US$5

La cuestión judía

Una interpretación marxista

ABRAM LEON

¿Por qué sigue alzando la cabeza el odio antijudío? ¿Cuáles son sus raíces de clase, desde la antigüedad y el feudalismo hasta el ascenso del capitalismo y sus crisis actuales? ¿Por qué no hay solución a la cuestión judía bajo el capitalismo? El autor, Abram Leon, fue asesinado en las cámaras de gas de los nazis. Contiene 40 páginas de ilustraciones y mapas. US$17. También en inglés y francés.

Somos herederos de las revoluciones del mundo

Discursos de la revolución de Burkina Faso, 1983–87

THOMAS SANKARA

Los campesinos y trabajadores en este país de África Occidental crearon un gobierno popular revolucionario y comenzaron a combatir el hambre, el analfabetismo y el atraso económico impuestos por la dominación imperialista, así como la opresión de la mujer heredada de la sociedad de clases desde hace milenios. Cinco discursos del dirigente de esta revolución. US$10. También en inglés, francés y persa.

La última lucha de Lenin

Discursos y escritos, 1922–23

V.I. LENIN

En 1922 y 1923, V.I. Lenin, dirigente central de la primera revolución socialista, libró su última batalla política, lucha que tras su muerte se perdió. Lo que estaba en juego era si esa revolución, y el movimiento comunista internacional que esta dirigía, mantendría el curso proletario que había llevado al poder a los trabajadores y campesinos en octubre de 1917. US$17. También en inglés, persa y griego.

PATHFINDER EN EL MUNDO

ESTADOS UNIDOS
(y América Latina, el Caribe y el este de Asia)

Pathfinder Books, 306 W. 37th St., 13º piso
Nueva York, NY 10018

CANADÁ

Pathfinder Books, 7107 St. Denis, Suite 204
Montreal, QC H2S 2S5

REINO UNIDO
(y Europa, África, el Medio Oriente y el sur de Asia)

Pathfinder Books, 5 Norman Rd.
Seven Sisters, Londres N15 4ND

AUSTRALIA
(y el sureste de Asia y Oceanía)

Pathfinder Books, Suite 2, First floor, 275 George St.
Liverpool, Sydney, NSW 2170
Dirección Postal: P.O. Box 73, Campsie, NSW 2194

NUEVA ZELANDA

Pathfinder Books, 188a Onehunga Mall Rd.
Onehunga, Auckland 1061
Dirección Postal: P.O. Box 13857, Auckland 1643

Entre los títulos de esta serie

EDITADOS Y CON INTRODUCCIONES POR MARY-ALICE WATERS

Nuestra historia aún se está escribiendo
ARMANDO CHOY, GUSTAVO CHUI, MOISÉS SÍO WONG (2017, 2005)

Cuba y Angola: La guerra por la libertad
HARRY VILLEGAS (2017)

"Son los pobres quienes enfrentan el salvajismo del sistema de 'justicia' en EE.UU."
LOS CINCO CUBANOS HABLAN SOBRE SU VIDA EN LA CLASE TRABAJADORA NORTEAMERICANA (2016)

Absolved by Solidarity/Absueltos por la Solidaridad
ANTONIO GUERRERO (2015)

Las mujeres en Cuba: Haciendo una revolución dentro de la revolución
VILMA ESPÍN, ASELA DE LOS SANTOS, YOLANDA FERRER (2012)

El capitalismo y la transformación de África
MARY-ALICE WATERS, MARTÍN KOPPEL (2009)

Cuba y la revolución norteamericana que viene
JACK BARNES (2007)

La Primera y Segunda Declaración de La Habana
(2007)

Marianas en combate
TETÉ PUEBLA (2003)

De la sierra del Escambray al Congo
VÍCTOR DREKE (2002)

Playa Girón/Bahía de Cochinos
FIDEL CASTRO Y JOSÉ RAMÓN FERNÁNDEZ (2001)

Che Guevara habla a la juventud
(2000)

Haciendo historia
ENTREVISTAS CON CUATRO GENERALES CUBANOS (1999)

Pombo: A Man of Che's *guerrilla*
HARRY VILLEGAS (1997)

¡Qué lejos hemos llegado los esclavos!
NELSON MANDELA Y FIDEL CASTRO (1991)